berstmayer

VON JSCHL.

Gabriele Praschl-Bichler

Die Habsburger in Bad Ischl

Stocker

Gabriele Praschl-Bichler

Die Habsburger in Bad Ischl

Die Württemberger und Hannoveraner am Traunsee

Leopold Stocker Verlag
Graz – Stuttgart

Umschlaggestaltung: Mag. Ursula Wöss, Graz
Bildnachweis: Sämtliche Fotos stammen aus Privatarchiven und wurden dem Verlag freundlicherweise zur Verfügung gestellt.

Die Deutsche Bibliothek – CIP-Einheitsaufnahme

Praschl-Bichler, Gabriele:
Die Habsburger in Bad Ischl : die Württemberger und Hannoveraner am Traunsee / Gabriele Praschl-Bichler. – Graz : Stocker, 1997
ISBN 3-7020-0797-0

ISBN 3-7020-0797-0

Printed in Austria
Druck: M. Theiss Ges.m.b.H., A-9400 Wolfsberg

Inhalt

Vorwort 7

Wie kamen die Habsburger ins Salzkammergut? 9

Ischls blutiger Kampf um das Salz 15

Ischl als Kurort 21

Eine Ischler Institution – Das Café Zauner 27

Bad Ischl und Gmunden – Die „Salons“ des Salzkammerguts 35

Die Habsburger in Bad Ischl 39

Schönbrunn – Ischl: Ein zweitägiges Reiseprojekt 49

Verlobung Kaiser Franz Josephs in Ischl 55

Die große Welt in Ischl 65

Deutsche Fürsten in und um Gmunden – Eine Hochblüte der Villenarchitektur am Traunsee 83

Kurzbiographien 104

Bibliographie 119

Vorwort

Österreich darf in seiner Geschichte auf viele Besonderheiten verweisen – eine davon stellt die lebenslange Liebe eines Kaisers zu einer hübschen, aber gänzlich unprätentiösen Dame dar. Wenn mit dem Monarchen auch Kaiser Franz Joseph gemeint ist, so handelt es sich bei der Lebensliebe aber um keine wirkliche Frau, sondern um die kleine oberösterreichische Stadt Ischl*, für die der Kaiser über achtzig Jahre eine beständige Leidenschaft hegte.

Wenn man weiß, wie schwer es gerade diesem Monarchen gefallen ist, sich von Protokoll und Zeremoniell zu lösen, so verwundert es um so mehr, daß ausgerechnet er eine Privatvilla zur Lieblingsresidenz erkoren hatte. Wer ihn sich vorstellt, der sieht den Kaiser in einem seiner zahlreichen, ziemlich identischen Arbeitszimmer in Schönbrunn, in der Hofburg in Wien oder in Budapest, über die Akten gebeugt, in sich gekehrt, ein Musterbild an Pflichterfüllung und Disziplin. Äußerlich wurde dieser Eindruck noch durch seine Kleidung, die Uniform, verstärkt, die er eigentlich niemals ablegte. Oder doch? Denn er konnte auch der *andere* Kaiser sein, der Monarch auf Sommerfrische und im Jagdkostüm. Wenn er auch in Ischl auf sein Aktenstudium nicht verzichten wollte – und eigentlich auch nicht auf seine Uniform. Denn bei genauer Betrachtung stellt auch das Jagdkleid ein einheitliches Dienstkleid dar. Trotzdem muß er sich in Ischl freier gefühlt haben. Er bewegte sich anders. Vor allem scheint er die Freude am privaten Vergnügen gefunden und gelebt zu haben, da es von kaum einem anderen Ort so viele Aufnahmen von einem gelöst schauenden, mitunter sogar lachenden Kaiser Franz Joseph gibt.

Da das Bild Ischls ganz wesentlich auch von der Familie Zauner geprägt wurde, deren wirtschaftlicher Erfolg sich parallel zum Kur- und Badebetrieb des Ortes entwickelte, ist ihr ein eigenes Kapitel

* Wenn im Text beinahe immer nur von Ischl die Rede ist, dann liegt das daran, daß es erst seit 1906 *Bad* Ischl heißt.

dieses Buches gewidmet. Mit dem Auftreten der Habsburger in Ischl erhielt das Café Zauner eine noch größere Bedeutung: Man belieferte die kaiserliche Familie und durfte sich bald mit dem Titel „k.k. Hoflieferant“ schmücken. Unter Kaiser Franz Joseph erreichte die Zusammenarbeit mit dem Zuckerbäcker und Restaurateur einen neuen Höhepunkt: Wenn der Kaiser Europas Fürsten zu Tische bat, dann richtete der Zauner die Tafel aus.

Doch nicht nur Franz Joseph und in der Folge viele andere Habsburger zog es ins Salzkammergut. Auch die den Habsburgern mehrfach familiär verbundenen Regenten von Württemberg und Hannover errichteten am Traunsee ihre Villen und Schlösser. Ein eigenes Kapitel erzählt daher auch von ihren Sommerresidenzen.

Kostbar gemacht wurde das Buch über die Habsburger in Ischl durch eine Menge noch nie veröffentlichten Materials. Wie durch ein Wunder haben zahlreiche Fotos, Briefe und Tagebücher aus Privatarchiven der kaiserlichen Familie zwei Weltkriege überlebt. Ebenfalls aus habsburgischer Quelle stammen die Bilddokumente über das Salzkammergut, seine Bewohner und seine Gäste, wodurch ein sehr lebendiges Bild vom dortigen Alltagsleben entsteht.

Dieses Buch versteht sich als erster Band einer Serie über Verbindungen und Beziehungen der Habsburger zu den verschiedenen Städten der k.k. Monarchie.

Graz und Bad Ischl, August 1997 *Gabriele Praschl-Bichler*

Wie kamen die Habsburger ins Salzkammergut?

Wer heute vom Salzkammergut – im speziellen von Bad Ischl – spricht, der meint Promenaden im Kurort, die kulinarischen Genüsse bei Zauner in der Pfarrgasse oder auf der Esplanade und wahrscheinlich auch den Besuch einer der Vorstellungen der Sommeroperette. Wenn man sich ein wenig weiter besinnt, wird einen vermutlich der nächste Gedanke zurück in das 19. Jahrhundert führen, in die Blütezeit des Kurortes, als die österreichische Kaiserfamilie ihre Sommer dort verbrachte und die gesellschaftliche Attraktivität des Ortes wesentlich steigerte.

Natürlich waren es zunächst die Solebäder, die erholungsbedürftige oder kränkelnde Habsburger nach Ischl führten, um verschie-

Einer der ersten Gäste in Ischl: Kaiser Franz II./I.

Erzherzogin Sophie mit ihrem ersten Sohn Franz Joseph, dem späteren Kaiser von Österreich (Photo nach einem Gemälde von Stieler).

dene Leiden auszukurieren. Aber zuletzt scheint es ihnen dort auch sehr gefallen zu haben, weshalb sie alljährlich in immer größer werdender Zahl wiederkehrten. Ischl entwickelte sich zu *dem* gesellschaftlichen (Sommer-)Zentrum der Monarchie, als das es seinen Ruf sogar bis in unsere republikanischen Tage herüberrettete. Unter den ersten Habsburgern, die in Ischl als Kurgäste weilten, befanden sich Erzherzog Rudolf, Fürsterzbischof von Olmütz und jüngster Bruder Kaiser Franz II./I., und der Kaiser selbst. Doch die Familien- und Regionalgeschichte schreibenden Ereignisse fanden erst zwei Kaisergenerationen später statt.

Das erste fällt in das Jahr 1830 und ereignete sich – mehr als zweihundert Kilometer von Ischl entfernt – in der Reichshaupt- und Residenzstadt Wien. Die für den oberösterreichischen Ort bedeutenden Grundlagen waren einige Monate früher ebendort gelegt worden. Sie trugen letztendlich sogar zur Behebung eines habsburgischen Familienproblems bei. Erzherzog Franz Carl, ein Sohn Kaiser

Franz II./I. und Neffe des früher angereisten Erzherzog Rudolf, hatte nach außerordentlich glücklicher fünfjähriger Ehe noch keinen lebenden Nachkommen, dem mit großer Wahrscheinlichkeit die Würde des nächsten oder übernächsten Kaiseramtes zufallen sollte. Franz Carls über alles geliebte Ehefrau Sophie, eine geborene Prinzessin von Bayern, hatte während dieser Zeit fünf Fehlgeburten erlitten und beinahe jede Hoffnung auf ein eigenes Kind aufgegeben. Aus dem Jahr 1827 datiert ein diesbezüglicher Brief an ihre Halbschwester, Kaiserin Caroline Auguste, der – wie viele vorhergehende und folgende – auf die traurige Situation verweist, in der sich Erzherzogin Sophie damals befand. Sie hielt sich gerade zu einer Kur in Bad Pyrawarth auf, um nach einer offensichtlich eingebildeten Schwangerschaft psychisch zu neuen Kräften zu kommen: „… Dein liebes Billet wirkte wohlthuend auf mich … sey ruhig – lieber Engel – der Zauber – der Deinen Tabor (= Deckname für Sophie) lange gefangenhielt – weicht allmählich von meinem Herzen – es ruht nun einmahl eine Ueberzeugung in meiner Seele – die freylich auch ihren herben Schmerz und ihre Thränen mit sich brachte – doch sind sie zum Theil verschmerzt – und ich danke Gott innig für diese Prüfung – ja selbst für diese Täuschung – denn sie hat mich ihm näher gebracht – und nun, seit dem der Schleier fiel – bin ich wieder um etwas mehr von unserer armen Erde losgerißen – Du glaubst nicht, wie es in dieser Hinsicht in meiner Seele geworden ist. – Gott gebe, daß bey der Rückkehr die Dunkelheit nicht wiederkehre …" (aus einem unveröffentlichten Brief Erzherzogin Sophies vom 7. September 1827).

Die Stimmung sollte sich innerhalb der beiden nächsten Jahre nicht wesentlich bessern, da die Erzherzogin weitere Fehlgeburten erlitt und sich immer inniger ein eigenes Kind wünschte. In den Briefen an die Familie häuften sich Berichte von zahlreichen im Verwandtenkreis gesund geborenen Babies, kein Detail schien zu gering, um es schriftlich wiederzugeben. Unermüdlich erkundigte sich Erzherzogin Sophie nach neuen Mitteln und Methoden, eine Schwangerschaft zu Ende zu führen, bis sie eines Tages von den Ischler Solebädern erfuhr, die bereits bei vielen Arten von Frauenleiden erfolgreich angewandt wurden. Im Sommer des Jahres 1829 reiste sie auf Anraten eines Arztes zu einem mehrwöchigen Aufenthalt nach Ischl. Und obwohl sie sich schon so viele Male den medizinischen Anweisungen gefügt hatte, ohne daß sich ein langzeitiger Erfolg einstellte, setzte sie auch diesmal all ihre Hoffnung in die Kur. Sie wünschte sich so sehnlich ein eigenes Kind, daß sie – wenn man ihr dazu geraten hätte – wahrscheinlich eine Polarreise angetreten haben würde. Doch man schickte sie ohnehin nur nach Ischl, und ein paar Monate nach dem dortigen Aufenthalt wurde Erzherzogin Sophie zum sechsten Mal schwanger. Diesmal konnte sie – unter Einhaltung der striktesten ärztlichen Maßregeln – das Kind behalten und austragen, das den Namen Franz Joseph erhielt. Mit diesem heißersehnten Erben war Österreich der nachmalig längstregierende Kaiser geboren worden, der ein Alter von 86 Jahren erreichen sollte. Mehr als drei Viertel seines Lebens regierte er das Land, das er am Ende des Biedermeier zur Verwaltung übernommen hatte. Als er

Eine frühe Ansicht von Ischl – ohne die riesigen Hotelgebäude –, wie es in der Jugend Kaiser Franz Josephs aussah.

durch den Tod von seiner Amtsverpflichtung befreit wurde, war die Mitte des Ersten Weltkrieges überschritten.

Die Freude über die Geburt Erzherzog Franz Josephs ging so weit, daß man ihn bis heute in vielen Geschichtsbüchern irrtümlich als vermeintlichen Retter der Dynastie feiert, die – nebenbei bemerkt – auch ohne ihn nicht ausgestorben wäre. Denn ohne seinen Eintritt in diese Welt wäre die Thronfolge einfach an einen jüngeren Zweig der Familie übergegangen. Das Haus Habsburg erfreute sich damals vierzehn gesunder männlicher Sprößlinge, die allesamt rechtmäßige Anwärter auf den österreichischen Kaiserthron waren: Erzherzog

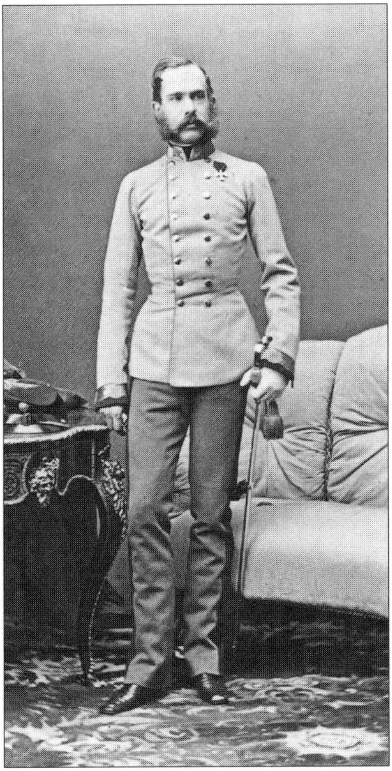

Die beiden Hauptdarsteller der Ischler Verlobung im Jahr 1853: Kaiserin Elisabeth und Kaiser Franz Joseph in frühen Ehejahren.

Carl, der erste Bezwinger Kaiser Napoleons und Bruder Kaiser Franz II./I., verfügte um diese Zeit schon über vier Söhne, Erzherzog Josef, Palatin von Ungarn und ebenfalls Bruder Kaiser Franz II./I., über zwei, beider Bruder Rainer, der Vizekönig Lombardo-Venetiens, sogar über sechs Söhne, und auch in der Linie der Herzoge von Modena aus dem Haus Habsburg gab es zwei junge männliche Nachkommen. Da waren die elf lebenden erwachsenen Habsburger noch gar nicht mit eingerechnet.

Die fünfundzwanzig möglichen Thronfolger taten der Freude freilich keinen Abbruch, als am 18. August 1830 Erzherzog Franz Joseph, der nachmalige Kaiser, das Licht der Welt erblickte. Seine Geburt – und die der zwei rasch folgenden Brüder – schrieb man vor allem der heilbringenden Wirkung der Ischler Solebäder zu, was den dreien den scherzhaften Titel von *Salzprinzen* bescherte.

Das zweite habsburgische Familienereignis, das die Geschichte Ischls nachhaltig prägte, ist die Anbahnung einer Ehe und fällt in das Jahr 1853. Wieder spielte der – nunmehrige Kaiser – Franz Joseph eine bedeutende Rolle. Denn es handelte sich um seine Verlobung, die er im Sommer dieses Jahres mit seiner Cousine Elisabeth, genannt Sisi, einer gebürtigen Herzogin in Bayern, beging. Und Ischl sollte auf die Ehe, die später von ständigen Fluchten der Kaiserin geprägt war, einen wundersam beruhigenden Einfluß nehmen: Denn nur im Salzkammergut kam ein einigermaßen normales Familienleben zwischen ihr, Kaiser Franz Joseph und den drei gemeinsamen Kindern zustande. Nur hier ertrug Elisabeth für kurze Zeit das Zusammensein. Und wenn Ischl keinen anderen Erfolg als diesen zu verzeichnen gehabt hätte, so würde dies Kaiser Franz Joseph genügt haben, um die Stadt zum Zentrum der Monarchie zu machen.

Ischls blutiger Kampf um das Salz

An diesem Punkt der habsburgischen Privatgeschichte angelangt, ist es an der Zeit, auf die Anfänge Ischls zurückzublicken, das – wie der bestimmte Zweig der Dynastie – seine Basis dem Salz zu verdanken hat. Welch abenteuerliche Geschichte der Ort von der Stunde der ersten Salzgewinnung bis in das 19. Jahrhundert durchlief, erfährt man aus dem Mund eines Mannes, der Ischl und die Region des Salzkammerguts schon in vor-habsburgischen Zeiten erforschte. Er hieß Weidmann, war ein wohlhabender Akademiker, der sich mehrwöchentliche Reisen leisten konnte, und hatte sich privat dem Salzkammergut verschrieben. Die damals kostspielige Leidenschaft finanzierte er unter anderem mit Büchern über seine Reisen. Er arbeitete die regionale Geschichte bis in die Zeit um Christi Geburt auf, als das Gebiet von Kelten und Germanen bewohnt war, die schon Salz gewannen und damit handelten.

Hallstatt, das – wie Ischl – seit der Römerzeit den Salzabbau betrieb.

„Von eigenen Königen beherrscht, einem gewissen Grade von Kultur nicht fremd, war bei diesen Norikern auch der Bergbau aus Eisen und Salz nicht fremd. Die (sogenannten) Hallauner waren wohl ohne Zweifel die urältesten Bearbeiter der Salzquellen und Salzberge von Reichenhall, Hallein, Hallstatt, Aussee, Admont u.s.w. … Blutige Kriege wurden geführt um den Besitz ergiebiger Salzquellen. Mit Zuversicht darf daher Kenntniß und Gebrauch des Salzes im ganzen norischen Hochlande angenommen werden. Die Eroberungskriege der Römer führten die Legionen auch in diese Gegenden, und nach langem, hartnäckigem Kampfe nahmen sie dieselben in Besitz. Dies geschah etwa 15–10 Jahre vor der christlichen Zeitrechnung. Norikum blieb nun römische Provinz fast ein halbes Jahrtausend lang." (Weidmann, S. 77)

Unter römischer Besatzung gediehen Iuvavium (das heutige Salzburg), Hallstatt und Ischl zu erfolgreichen Salzabbaustätten und -umschlagplätzen, bis die Zeit der Völkerwanderungen einsetzte. Mit ihren Stürmen, die „das occidentalische Kaiserreich stürzten, brach auch Verödung über diese Gauen. Der uralte Salzbau ward mit unter den Trümmern der Römeransiedlungen begraben, und es war seiner durch Jahrhunderte nicht mehr gedacht. Unter Kaiser Carl dem Großen erhoben sich diese Landstriche wieder aus ihrer Verödung, wurden aber durch die Streifzüge der Ungarn bald wieder in dieselbe zurückgeschleudert." (ebenda, S. 78)

Um das Jahr 1000 hatte sich das Land, das damals zur *bairischen Mark ob der Enns* gehörte, endlich von den Vernichtungsschlägen erholt. Die Bevölkerung vermehrte sich zusehends, und auch die Salzgewinnung wurde wieder aufgenommen. Im 12. Jahrhundert wurde das Gebiet einem Herzogtum eingegliedert, das der Babenberger Heinrich Jasomirgott als Lehen erhielt. Seit dieser Zeit wurde das Salz wieder zum wichtigsten Wirtschaftsfaktor des mittlerweile *Ischlland* genannten Gebietes. Als ein Jahrhundert später – mittlerweile schon unter der Herrschaft der Habsburger – ein neuer Salzberg bei Goisern entdeckt und zum Abbau freigegeben wurde, kam es von seiten Erzbischof Conrads von Salzburg zum offenen Konflikt um das Salz-Monopol. „(Des Erzbischofs) Zorn stieg noch höher, als der

Oben: Der Salzberg bei Hallstatt.
Unten: Bei der Salzgewinnungsstätte in Gosau.

Der Rudolfsturm in Hallstatt, eine jahrhundertealte Schutzwarte, war im 19. Jahrhundert ein beliebtes Ausflugsziel: der Aufstieg zum Turm.

Abt Heinrich von Admont (ein habsburgischer Günstling) ... auch im Gosauthal Salzquellen benützen ließ, und in Hallstatt ... die Salzgewinnung lebhaft betreiben ließ; dieß hieß Salzburg tödtlich verletzen, denn seinen Salzhandel theilen zu sollen, schien dem stolzen Erzbischof unerträglich.“ (ebenda, S. 81)

Ein wütender Kampf entbrannte um Salzgewinnung und Salzhandel. Der Erzbischof von Salzburg brachte eine Beschwerde ein, in der er auf das – vermeintlich nur ihm zustehende – Monopol verwies. Dieser Einspruch wurde vom Habsburger Herzog Albrecht I. aber nicht anerkannt, was den Zorn des Erzbischofs neuerlich schürte. Albrecht richtete in den gefährdeten Orten Befestigungsanlagen ein. So entstand zum Beispiel in Hallstatt eine Schutzwarte, der sogenannte Rudolfsturm, von dem man das Land weit überblicken und Ausschau nach anmarschierenden feindlichen Truppen halten konnte.

Als eines Tages das Gerücht aufkam, der Herzog sei an den Folgen einer Vergiftung gestorben, rüstete Erzbischof Conrad zum endgültigen Vernichtungszug gegen die ihm verhaßten, neuentstandenen Salinen. Er ließ die Abbaustätten zerstören und die dazugehörigen Siedlungen in Schutt und Asche legen. Doch sein Triumph sollte nicht lange währen. Albrecht I. war gar nicht gestorben, sondern „genas von dem ihm gereichten Gift, und nahm in einer blutigen Fehde Rache an dem Erzbischofe, welcher endlich, der überlegenen Macht nicht länger trotzen könnend, 1297 Frieden schloß, dem Herzog eine große Geldsumme als Entschädigung für die Zerstörung der Salzwerke zahlen, und versprechen mußte, dem Betriebe der Salinen … kein Hinderniß ferner in den Weg zu legen.“ (ebenda, S. 82)

Diese Abmachung leitete eine Epoche des Aufbaues und des Friedens ein. Neue Berge wurden zur Salzgewinnung herangezogen, Pfannhäuser errichtet; immer mehr Salzarbeiter wurden beschäftigt. Die Salzwirtschaft florierte, bis die Region an der Wende zum 17. Jahrhundert neuerlich von Unruhen geschüttelt wurde. Allerdings galten sie nicht mehr dem Salz. Diesmal mußte die Zugehörigkeit zur protestantischen Glaubensgemeinschaft bitter erkämpft werden. Aus Salzburg zugewanderte Lutheraner hatten im Zug der Gegenreformation ihrer Religion abzuschwören. Wer sich dem Befehl entgegenstellte, wurde gefangengesetzt oder sogar hingerichtet. An die hundert Jahre konnte der Protestantismus mit Gewalt unterdrückt werden, bis die Bewegung offen ihr Recht auf freie Religionsausübung durchzusetzen verlangte. Das Ansuchen wurde abgelehnt und die aufständischen Protestanten aufgefordert, entweder zum Katholizismus überzutreten oder nach Ungarn und Siebenbürgen auszuwandern. Da die meisten der betroffenen Familien aber schon seit Generationen im Salzkammergut lebten, blieb der Großteil der Lutheraner im Land und schwor – zumindest nach außen hin – lieber dem Glauben ab. Es handelte sich dabei aber nur um eine Formsache, denn in Wahrheit übten sie ihre Religion heimlich weiter aus, bis Kaiser Josef II. mit der Einführung des Toleranzpatents im Jahr 1781 den Protestantismus endlich auch offiziell erlaubte.

Das Salzkammergut kam allmählich zur Ruhe. Abgesehen von einigen innereuropäischen Kriegen, in die man wegen der Zugehörigkeit zum Reich verwickelt war, begann mit dem 19. Jahrhundert eine Epoche des Friedens. „Durch die Einführung Ischls in den Kreis der Heil- und Badeorte und dem dadurch erzweckten zahlreichen Besuch ist dem armen Lande eine ganz neue Quelle des Erwerbes zugegangen. Von dieser Einrichtung datirt eine Aera des Segens für das Salzkammergut, welche sich je länger, je mehr in den wohlthätigsten Wirkungen bewähren wird.“ (ebenda, S. 88)

Ischl als Kurort

Noch einmal zurück zum Salz, das außer dem Abbau und dem Handel eine Menge anderer Wirtschaftszweige eröffnete. Schon bald wußte man um die therapeutische Wirkung der Solelösung Bescheid, die zur Heilung etlicher Leiden eingesetzt werden konnte. Daraufhin führte man den Sud durch Rohrleitungen von den Abbaugebieten an die verschiedenen – heute als Kurorte bekannten – Plätze, wo er in Becken gesammelt wurde. Die so entstandenen Solebäder eröffneten einen neuen Wirtschaftszweig – den Fremdenverkehr.

Zu Beginn der zwanziger Jahre des 19. Jahrhunderts wurde in Ischl die erste Badestube eröffnet, die als die früheste Anlage Österreichs gilt. Sie geht auf die Initiative des Wiener Arztes Dr. Franz Wirer zurück, der die ersten Städter zur Kur nach Ischl schickte. Im

Ansicht Ischls vom Traunufer vor dem großen Stadtbrand des Jahres 1865.

Laufe der Zeit erwarb er zahlreiche Gebäude, in denen er – ebenfalls auf eigene Kosten – Bäder und Kuranstalten errichtete. Mit großem wirtschaftlichen Geschick lenkte Dr. Wirer den ständig wachsenden Betrieb, so daß er bald zu einem der mächtigsten Männer der Region wurde. Am Höhepunkt seiner Karriere angelangt, ereilte ihn ein typisch österreichisches Schicksal – Neider und andere Kleingeister versuchten, die Entwicklung seines Werkes zu verhindern und versagten ihm zuletzt sogar die Bewilligungen für weitere Investitionen.

Den Kurpatienten stand schon zur Wirers Zeiten ein großes Angebot von Therapien zur Verfügung. Sie wurden nicht nur mit Sole- oder Moorbädern behandelt, sondern erhielten – je nach Art der Erkrankung – auch Wickel, Abreibungen, Waschungen, Inhalationen, Trinkkuren oder Luftbäder verordnet. Zu den Krankheiten, die man von Beginn an mit großem Erfolg therapierte, zählten Rheuma, Hautausschläge, alle Arten von Frauenleiden, Hämorrhoidalleiden, Anämie, chronischer Husten, Leberschäden, Verstopfung, ja sogar Hypochondrie, weshalb immer mehr Kranke in das Salzkammergut strömten.

Mit der wachsenden Zahl der Kurgäste stieg das Bedürfnis nach Unterhaltung: Der Eröffnung der ersten Badestube folgten die Inbetriebnahme eines Theaters, einer Bibliothek, eines Casinos, zahlreicher Kaffeehäuser und etlicher anderer Institutionen. Ischl entwickelte sich zu einem mondänen Ort, der aber beinahe ausschließlich von Mitgliedern vermögender Gesellschaftsschichten bevölkert wurde. Daraufhin wurden eine Menge städtischer Gepflogenheiten – wie Salons, Clubs und Cercles – eingeführt, die seit den vierziger Jahren ein stark betriebenes gesellschaftliches Leben zur Folge hatten. Welche Mühen und Verpflichtungen sich daraus ergaben, ist dem zeitgenössischen Bericht einer Hofdame zu entnehmen: „Neben den ländlichen Freuden blühen uns (der in Ischl anwesenden Gesellschaft) täglich vier Toiletten, morgens, zu Mittag habillé, Nachmittag promenade deshabillé, zum Tee habillé. Unsere Kammerjungfern seufzen, die Hofdamen seufzen, aber umsonst." (Hofdamen-Briefe, Ischl, 30. September 1844)

Zu Beginn der dreißiger Jahre des 19. Jahrhunderts wurde die

Die Molken- oder Trinkhalle in Ischl, eine der frühesten Einrichtungen des Kurortes.

Trinkhalle oder Molkenanstalt ihrer Bestimmung übergeben. Um etwa dieselbe Zeit führte man auch den Tragsesseldienst für Kranke ein. Diese Einrichtung, die heute als sonderbare Dienstleistung anmutet, zählte damals zu den gängigen Beförderungsmitteln für Kranke und Schwache. Sogar im privaten Haushalt stand der Tragsessel oftmals im Einsatz. Wöchnerinnen wurde – wenn sie vermögenden Gesellschaftsschichten angehörten – nach der Geburt eines Kindes eine sechswöchige Bettruhe verordnet. Während dieser Zeit durften sie – schönes Wetter vorausgesetzt – kurze Ausflüge ausschließlich in Tragstühlen unternehmen.

In Ischl standen während der Sommersaison mehr als hundert Sesselträger täglich im Einsatz. Oftmals waren es schlecht verdienende Salinenarbeiter, die sich ihren Lohn mit dem Sesseltragen wesentlich aufbesserten. Sie beförderten Alte, Kranke und Schwache in die

Bartholomäus Brandhuber, einer der vielen Sesselträger von Ischl, mit einem Tragstuhl (rechts): durch die Metallösen neben der Sitzfläche wurden die Griffstangen gesteckt.

Bäder oder zur Konsumation von Luftbädern auf die Berggipfel der Umgebung. Die Preise dafür lagen zwischen 1 Gulden 20 Kreuzer (für ein bis zwei Stunden Tragedienst) bis zu 11 Gulden 60 Kreuzer für eine mehrstündige Tour von Ischl über die Alpen und wieder zurück. Zum Vergleich: Damit verdiente der Sesselträger an einem Tag bis zur Hälfte der damals üblichen Jahresmiete seiner Wohnung.

Unter allen Institutionen, die ihre Dienste mit Beginn des Fremdenverkehrs aufnahmen, sollte die Einrichtung der Konditorei Zauner als einzige eine das Jahrhundert überdauernde Wirkung zeigen. Denn außer dem beharrlich steigenden Fremdenverkehr ist in Ischl in den vergangenen 160 Jahren nur weniges beim alten geblieben:

Cercles, Salons, täglich vierfacher Toilettewechsel und der Sesseltragedienst kamen außer Mode – die Monarchie wurde per Dekret abgeschafft; mit ihr verschwanden auch die Fürsten aus dem Salzkammergut. Die Konditorei Zauner und ihre unnachahmlichen Produkte gibt es aber immer noch. Ihr Ruf ist inzwischen über die fünf Kontinente gedrungen. Wer je nach Ischl kommt, geht auch zum Zauner. Um seine Bedeutung entsprechend zu würdigen, ist Österreichs vielleicht traditionsreichstem Konditorbetrieb das folgende Kapitel gewidmet.

Eine Ischler Institution
Das Café Zauner

1832 – im Jahr Zwei nach der Geburt des späteren Kaisers Franz Joseph – erhielt der Kur- und Badort Ischl eine neue kulturelle Einrichtung. In diesem Jahr eröffnete der aus Haugsdorf im Weinviertel stammende Weinhändler Johann Zauner in Ischl seinen ersten Konditoreibetrieb. Daß er ursprünglich Weinhändler gewesen war, hängt vermutlich mit seinem Geburtsort zusammen, vielleicht auch damit, daß sein Vater diesem Gewerbe nachgegangen war; gelernt aber hatte er die Zuckerbäckerei, und zwar in Wien. Dort scheint ihm der geschäftstüchtige Dr. Franz Wirer begegnet zu sein, der ihm eines Tages die Idee in den Kopf setzte, nach Ischl zu kommen und sich dort selbständig zu machen. Johann Zauner reagierte rasch und

Die früheste erhaltene Aufnahme der Zaunerschen Fassade in der Pfarrgasse.

eröffnete im Jahr 1821 in der Maxquellgasse am Gries einen eigenen Weinhandelsbetrieb. Das zunächst angemietete Lokal befand sich im Keller eines Hauses von Dr. Wirer, einem Biedermeierhaus mit neogotischen Fenstern, das vor wenigen Jahren abgerissen wurde.

Irgendwann scheint sich Johann Zauner wieder des früher erlernten Berufs besonnen zu haben, weshalb er sich eines Tages auf die Suche nach einem innerstädtisch gelegenen Straßenlokal begab. In einer weiteren Besitzung Dr. Wirers in der Pfarrgasse wurde er fündig. Dort mietete er mehrere Räumlichkeiten im Erdgeschoß des Gebäudes, wo er für die Reichen und Vornehmen eine Café-Konditorei nach internationalem Vorbild errichten wollte. Schon bald stellte sich der gewünschte Erfolg ein, und das Lokal konnte den Kundenzustrom nicht mehr bewältigen. Johann Zauner mußte vergrößern. Diesmal kaufte er dem Arzt das ganze Haus ab. Und weil ihm Dr. Wirer und Ischl so viel Glück und Erfolg beschert hatten, erwarb

Das Originalkochbuch, das Karl Zauner im Austausch mit den Zuckerbäckern Gerstner, Demel und Sprüngli anlegte.

er zuletzt auch noch das Gebäude, wo er – im sogenannten Zauner-Keller – mit dem Weinhandel begonnen hatte. Das Haus in der Pfarrgasse aber wurde zum Kern des Unternehmens und beherbergt seit nunmehr 165 Jahren einen der erfolgreichsten und qualitätsbewußtesten Zuckerbäckerbetriebe Österreichs.

Parallel zum Erfolg seines Freundes entwickelte sich auch die Karriere Dr. Wirers, der 1836 wegen seiner Verdienste um Ischl und um die Medizin von Kaiser Ferdinand I. in den Ritterstand erhoben wurde. Johann Zauner ehrte seinen Förderer der ersten Stunde auf seine Weise und setzte ihm mit der *Ritter von Wirer-Torte* ein kulinarisches Denkmal. Übrigens zog Johann Zauner als kaiserlich Geehrter bald nach und wurde wenig später zum *k.k. Hoflieferanten* ernannt.

Im Gegensatz zum erfolgreichen Berufsleben Johann Zauners verlief sein und seiner Familie privater Alltag wenig glücklich und von

Karl Zauner mit vier seiner insgesamt zehn Kinder: rechts außen Viktor, der das Unternehmen – nach dem Tod des Vaters – im Alter von achtzehn Jahren übernahm.

etlichen schmerzlichen Verlusten geprägt. Die erste Ehe des erfolgreichen Konditors endete mit dem Tod eines Söhnchens, dem kurz darauf auch die Mutter ins Grab folgte. Von drei Söhnen einer zweiten Ehe überlebte nur einer den Vater. Er hieß Karl und führte den Familienbetrieb nach dem Erfolgsrezept des Vaters weiter. Der Tradition der Zeit entsprechend, legte er ein umfangreiches Kochbuch an, in dem er nicht nur die betriebseigenen Rezepte sammelte. Im Austausch mit seinen Berufskollegen und Freunden, den k.k. Hoflieferanten Gerstner und Demel in Wien sowie dem schweizerischen Confiserie- und Patisserie-Unternehmen Sprüngli in Zürich, entstand eine außergewöhnliche Sammlung, die die hohe Eßkultur des vorigen Jahrhunderts belegt.

Leider sollte sich bei Karl Zauner das Lebensmuster des Vaters in allen Bereichen wiederholen. Der berufliche Erfolg mußte mit hohen privaten Verlusten erkauft werden. Einige der zehn Kinder starben im Kindesalter, und der Älteste, der 18jährige Viktor, mußte nach dem frühen Tod seines Vaters das Unternehmen weiterführen. Er hatte seine Lehrjahre bei Gerstner in Wien absolviert, scheint aber auch einige Zeit bei Sprüngli in Zürich gearbeitet zu haben, denn im Zaunerschen Betriebsarchiv befinden sich zwei Briefe, die auf eine Bewerbung Viktor Zauners bei Sprüngli deuten. Die Schreiben stammen aus der Hand David Sprünglis und nehmen Bezug auf sein Ansuchen. Leider ist nicht mehr nachzuvollziehen, ob es zu dieser Zusammenarbeit kam.

Nach dem Tod seines Vaters mußte Viktor die Arbeitsstelle bei Gerstner in Wien verlassen, um künftighin dem eigenen Betrieb vorzustehen und den verbliebenen kleinen Geschwistern die Vaterstelle zu ersetzen. Obwohl auch er verheiratet gewesen war, verblieb er ohne männlichen Nachkommen und starb als letzter *echter* Zauner 1967 im Alter von achtzig Jahren. Da er befürchten mußte, der traditionsreiche Name würde nach seinem Tod bald in Vergessenheit geraten, adoptierte er in fortgeschrittenem Alter eine ihm liebgewordene Angestellte. Die neue Frau Zauner bewährte sich bald als leitende Mitarbeiterin und machte dem Namen und dem Unternehmen alle Ehre.

Oben: Zwei Damen der Konditorei Zauner mit dem Kuchen- und Tortenangebot um die Jahrhundertwende.
Unten: Das Innere der Konditorei Zauner (mit Front gegen die Pfarrgasse), so wie es nach dem Ersten Weltkrieg aussah.

Um die Geschichte des Konditorbetriebs weitererzählen zu können, muß ein geographisch weiter Sprung unternommen werden. In Guatemala hatte der aus Deutschland stammende Richard Kurth eine Zuckerbäckerei aufgebaut, die dem österreichischen Zauner an Erfolg und Raffinesse in nichts nachstand. Seine Karriere sollte aber von einem weltpolitischen Ereignis mit einem Schlag zunichte gemacht werden. Als der Zweite Weltkrieg ausbrach, wurde Richard Kurth als Deutscher in Guatemala plötzlich zum Staatsfeind. Er kam zunächst in ein Lager, dann im Zuge von Austauschverhandlungen nach Deutschland zurück und durfte aus Südamerika nichts als sein Leben herüberretten. Und ausgerechnet in Deutschland, wo Wirtschaft und Staat darniederlagen, sollte sich Richard Kurths weiterer Berufsweg bald entscheiden. Dort erreichte ihn ein Schreiben von Viktor Zauner, der in einem Zeitungsartikel vom Schicksal des aus

Richard Kurth (vorne sitzend, erster von links) mit seiner Backmannschaft und einer aus Tortenmasse, Marzipan, Pralinen, Fondant- und Eiweißspritzglasur nachgebildeten österreichischen Kaiserkrone für den Film „Kaiserwalzer".

Guatemala Vertriebenen gelesen hatte. Da die Ischler Konditorei durch den Krieg unzählige fähige männliche Arbeitskräfte verloren hatte, bot Viktor Zauner im Jahr 1945 Richard Kurth spontan die Mitarbeit in seinem Betrieb an. Kurth, der den Zauner natürlich kannte, zögerte nicht lange, das Angebot anzunehmen. Gegen Ende des Zweiten Weltkriegs erreichte er Ischl und arbeitete sich so erfolgreich in das Zaunersche Unternehmen ein, daß er bald mit der Führung betraut wurde. Privat sollte Rosina, die Adoptivtochter Viktor Zauners, viel zu seinem Glück beitragen. Er hatte sich früh in sie verliebt, heiratete sie und mußte dafür abermals den Zaunerschen Tribut zahlen – die Ehe blieb kinderlos, und Rosina starb bei einem tragischen Unfall. 1962 heiratete Richard Kurth ein zweites Mal – die aus Deutschland stammende und bis heute im Betrieb tätige Gärdi Reitinger. Auch diese Verbindung wurde mit keinen Kindern gesegnet, weshalb die Zukunft der Familie Zauner zum wiederholten Male auf dem Spiel stand.

Für das weitere Schicksal des traditionsreichen Unternehmens sollte sich aber schon bald eine neue Lösung ergeben. In den sechziger Jahren begann der aus einer Tamsweger Bauernfamilie stammende Josef Ferner die Zuckerbäckerlehre im berühmten Ischler Betrieb. Er entpuppte sich als großer Künstler seines Fachs, der sein Können durch etliche Kurse und Bildhauerlehrgänge erweiterte.

1971 starb Richard Kurth, woraufhin seine Frau den Zauner als Witwenbetrieb weiterführte. An ihrer Seite entwickelte sich Josef Ferner immer stärker zum wirtschaftlichen Ratgeber. Im Jahr 1982 feierte das Unternehmen seinen 150jährigen Bestand. Um diese Zeit beschloß Gärdi Kurth, den Namen Zauner zu übernehmen. Da sie auf die Mitarbeit Josef Ferners nicht mehr verzichten konnte und wollte, lag es nahe, den mittlerweile unentbehrlich Gewordenen mit der Fortführung des Familienbetriebs zu betrauen. 1984 adoptierte sie Josef Ferner, der das Unternehmen seither als Josef Zauner leitet.

Bad Ischl und Gmunden
Die „Salons" des Salzkammerguts

Das Salzkammergut – der Name bezeichnete ursprünglich nur eine Salinendomäne bei Ischl – umfaßt das hochgelegene Seengebiet, das sich östlich von Salzburg von der oberen Traun und ihren östlichen Zuflüssen bis hin zum Almtal erstreckt. Obwohl seine geographische Ausdehnung nur von geringer Bedeutung ist, dürfen drei Bundesländer – Oberösterreich, Salzburg und Steiermark – einen Mitbesitz am Salzkammergut beanspruchen, dessen besonderer Reiz sich in der Verschiedenartigkeit der Landschaft auswirkt: historische Städtchen in Seen- und Tallagen wechseln mit stark bewaldeten Bergen ab, deren beinahe senkrechte Wände hart zu den ehemaligen Gletscherseen abfallen. Zu den bekanntesten Seen zählen der Fuschlsee, der Wolfgangsee (früher Abersee), der Mondsee, der Attersee (früher Kammersee), der Traunsee (früher Gmundner See), der Grundlsee, der Altausseer See und der Hallstätter See. Unter den hervorstechendsten Bergformationen seien der Schafberg am Wolfgangsee – mit steiler, aus Kalk bestehender Nordwand –, der Traunstein am Traunsee sowie der Loser im Ausseer Land genannt, deren bizarre Formen die malerische Note der Region unterstreichen.

Die abwechslungsreiche, beinahe *dramatisch* zu nennende Landschaft zieht seit mehr als 170 Jahren Sommergäste in ihren Bann, die schon damals nicht nur wegen der Kuren, sondern auch wegen der Naturschönheiten anreisten. Die sportliche Tradition des Salzkammerguts darf auf ein beinahe ebensolanges Bestehen verweisen, denn mit den ersten Sommerfrischlern kam auch der *Alpinismus* in Gang. Tennisspielen, Badminton, Radfahren und der Schwimmsport wurden Mode, und die Hocharistokratie frönte dem in ihren Familien seit Jahrhunderten betriebenen Waidwerk.

Wie früher erwähnt, befanden sich schon unter den ersten Gästen etliche Mitglieder der österreichischen Kaiserfamilie, denen Verwandte und Freunde aus anderen europäischen Dynastien folgten. Um den ständig steigenden Gästeanstrom bewältigen zu können, er-

Zwei der markantesten Bergformationen des Salzkammerguts: der Schafberg mit der Schafberghütte und der in den Traunsee abfallende Traunstein (letzterer aus dem fahrenden Zug von Herzog Philipp von Württemberg aufgenommen).

richtete man bald riesige Hotels internationaler Prägung. Adelige, Großbürger und Hofbeamte folgten den fürstlichen Beispielen und ließen sich im Sommer ebenfalls in Ischl und Umgebung nieder. Wer es sich leisten konnte, mietete Wohnungen oder ganze Häuser oder ließ sich nach eigenen Vorstellungen Villen erbauen. Diese – zum Teil romantischen – kleinen Burgen, für die eine Art von Sommerfrische-Architektur erfunden wurde, setzten ganz typische Landschaftsakzente.

Die immer zahlreicher anreisende Gesellschaft benötigte neue kulturelle Einrichtungen: Gesprächszirkel und Salons wurden eingeführt und bildeten eine ständige Bereicherung der Unterhaltungsmöglichkeiten für die Gesellschaft; so gelangten zuletzt auch die Künstler ins Salzkammergut. In der Folge entwickelte sich eine reichhaltige, auf die Region zugeschnittene Kultur, die den *Sommerfrische-Ton* überschritt und eine eigene Kunstgattung hervorbrachte: Literatur und Musik aus dem Salzkammergut. Zu den bedeutendsten und immer wiederkehrenden Künstlern zählten der Schauspieler und Theaterdichter Johann Nestroy, die Schriftsteller Hugo von Hofmannsthal und Hermann Bahr, die Komponisten Anton Bruckner, Johann Strauß, Johannes Brahms, Franz Lehár, Oscar Straus, Emmerich Kálmán und Leo Fall, die Opernsänger Maria Jeritza, Leo Slezak und Richard Tauber sowie die Schauspieler Alexander Girardi und Katharina Schratt.

Das berühmteste künstlerische Denkmal wurde der Region mit der Operette *Im Weißen Rössel am Wolfgangsee* gesetzt, die aber weder am Wolfgangsee geschrieben wurde noch ein dortiges Hotel zum Vorbild hat. Das Buch wurde in Ischl verfaßt, der Gastbetrieb, der als Vorbild diente, war entweder das „Weiße Rößl" in Lauffen oder die Jausenstation „Rudolfshöhe" im Ischler Stadtteil Kaltenbach. Noch komplizierter als die räumliche Zuordnung ist die künstlerische. Denn wie bei wohl keinem anderem Werk der Musikgeschichte sind nicht weniger als drei Schriftsteller und vier Komponisten an der Entstehung des Stückes beteiligt gewesen: Oskar Blumenthal und Gustav Kadelburg hatten das gleichnamige Lustspiel verfaßt, das Hans Müller zum Operettenbuch umarbeitete, während die

Lauffen bei Ischl, ein beliebter Ausflugsort für Sommerfrischler. Das dortige Gasthaus „Zum weißen Rössel" gilt als eines der Vorbilder für die gleichnamige Operette, die aber am Wolfgangsee spielt.

Musiknummern von Ralph Benatzky, Robert Stolz, Bruno Granichstaedten und Robert Gilbert stammten. Die Uraufführung der Operette fand im Spätherbst des Jahres 1930 statt. Sie war der Auftakt zu einer Reihe von Operetten, die – zwölf Jahre nach Abschaffung der Monarchie – das österreichische Kaisertum zumindest auf der Bühne zu neuem Leben erweckten. Für Ischl und das vorliegende Buch von eminenter Bedeutung: Kaiser Franz Joseph erschien als Mitwirkender einer Lustspielhandlung in seiner natürlichsten Rolle – als Sommerfrischler im Salzkammergut.

Die Habsburger in Bad Ischl

Es wurde bereits erwähnt, daß schon einige Mitglieder der österreichischen Kaiserfamilie zu den Gästen Ischls zählten, als in den zwanziger Jahren des 19. Jahrhunderts die ersten Bade- und Kuranstalten ihren Betrieb aufnahmen. Nach Erzherzog Rudolf, dem Fürsterzbischof von Olmütz, und seinem Bruder Kaiser Franz II./I. kamen die älteste Tochter des Kaisers, Marie Louise, Herzogin von Parma und Witwe nach Kaiser Napoleon I., und ihre Brüder, der spätere österreichische Kaiser Ferdinand I., sowie Erzherzog Franz Carl mit seiner Ehefrau Sophie. Wenn sie auch alle einen wesentlichen Beitrag leisteten, um den Ruf des Kurorts zu vergrößern, sollte Ischl die nachhaltigste Prägung durch Kaiser Franz Joseph erfahren: Österreichs längstdienender Monarch hatte von Kindesbeinen an bis ins Greisenalter kaum eine Sommersaison in Ischl versäumt. Seine Privatresidenz, die Kaiservilla, die bis heute einen Hauptanzie-

Zu den frühesten Habsburger-Gästen in Ischl zählte Marie Louise, Herzogin von Parma, Witwe nach Kaiser Napoleon I. von Frankreich und älteste Tochter Kaiser Franz II./I.

hungspunkt des Fremdenverkehrs bildet, bezog er allerdings erst im Jahre 1854. Vorher lebte die kaiserliche Familie ausschließlich in Hotels.

Als Erzherzogin Sophie, die Mutter des nachmaligen Kaisers, die erste Badekur in Ischl machte, mietete sie sich im ehemaligen Erbhaus der Salzsiederfamilie Seeauer an der Esplanade ein. Die Geburt Erherzog Franz Josephs im Hochsommer des Jahres 1830 in Schloß Schönbrunn bei Wien war übrigens der einzige Grund, warum die Erzherzogin ihren Aufenthalt in diesem Jahr ausfallen ließ. Ein Jahr später reiste man zu dritt nach Ischl: Erzherzogin Sophie, Erzherzog Franz Carl und ihr Sohn Franz Joseph, der dort im Alter von einem Jahr seine erste Sommerfrische verbrachte. Für diese eine Saison bezog man das heute nicht mehr bestehende Canaval-Haus am Kreuzplatz 1, auf dessen einzigem Balkon das Baby seinen Mittagsschlaf hielt.

Ab dem folgenden Jahr bezog die ständig wachsende Familie wieder das Seeauerhaus an der Esplanade, das Erzherzogin Sophie während ihres ersten Aufenthalts bewohnt hatte. Das Gebäude ist übrigens – mit geringen Veränderungen – bis heute in seiner ursprünglichen Form erhalten. Es war mit Beginn des aufkommenden Fremdenverkehrs um die Mitte der zwanziger Jahre des 19. Jahrhunderts als Gästehaus eingerichtet worden und verfügte in den vierziger Jahren über 26 Zimmer, zwei Kammern, drei Küchen, einen Gastgarten und einen Stellplatz für immerhin vierzehn Pferde und zehn Wagen. In den zeitgenössischen Führern ist es als besonders empfehlenswert herausgestrichen.

Die Aufenthalte in Ischl scheinen Erzherzogin Sophie sehr wohl bekommen zu haben, denn schon im Jahr 1835 – also sechs Jahre nach der ersten Kur – durfte sie vier Kinder ihr eigen nennen. Wie vorauszusehen, war aus ihr eine närrische und verliebte Mutter geworden, die ihre drei Söhne Franz Joseph, Ferdinand Maximilian, Carl Ludwig und die Tochter Maria Anna vom ersten Tag ihrer Geburt an liebevoll pflegte und umsorgte. Entgegen der Gewohnheiten der Zeit und der Gesellschaft, derzufolge Kinder aus vermögenden und vornehmen Familien ausschließlich von Ammen, Kinderfrauen,

Der Kreuzplatz in Ischl, auf dem sich früher das Canaval-Haus befand, in dem der ein Jahr alte Erzherzog Franz Joseph seine erste Sommerfrische erlebte.

Die meisten Sommer verbrachte die kaiserliche Familie im Seeauerhaus (dem Doppelhaus in der Bildmitte) an der Esplanade, in dem 1853 die Verlobung Kaiser Franz Josephs gefeiert wurde.

Foto nach einem Gemälde: Erzherzog Franz Joseph (ganz rechts) im Kreis seiner Geschwister Ferdinand Maximilian, Carl Ludwig und der früh verstorbenen Maria Anna (v.l.n.r.)

Schwestern und Gouvernanten aufgezogen wurden, übernahm Erzherzogin Sophie die Erziehung ihrer Kinder zum größten Teil selbst. Sie hatte die Kleinen beinahe ständig um sich und war ihnen und auch dem Ehemann eine aufopfernde Krankenpflegerin. Erzherzogin Sophie versah oft wochenlange Krankendienste, ohne sich eine einzige Stunde von jemandem ablösen zu lassen. Trotz ihrer hingebungsvollen Pflege sollte sie als Mutter schreckliche Schicksalsschläge erleiden. Ihre einzige Tochter Maria Anna starb nach langem und schwerem Leiden im Alter von weniger als fünf Jahren. Der Tod dieses Kindes hinterließ eine gebrochene Frau, die Monate brauchte, um sich von dem Schock zu erholen. Es gelang ihr nur schwer, den Kummer vor ihren Söhnen zu verbergen und für sie ein normales Leben aufrechtzuerhalten. Als die Trauer um die kleine Tochter im Sommer des Jahres 1840, fünf Monate nach deren Tod, noch immer nicht abgenommen hatte, entschied Erzherzogin Sophie sich zu einem für sie ungewöhnlichen Schritt. Da ihre Söhne Franz Joseph,

Ferdinand Maximilian und Carl Ludwig seit Wochen an einem schweren Husten gelitten hatten und einer unbeschwerten Erholung bedurften, wollte sie sich das erste Mal seit der Geburt ihrer Kinder von ihnen trennen. Eine ihrer Cousinen, Prinzessin Amalie Wasa, die auch ihre beste Freundin war, hielt sich für einige Wochen in Ischl auf; ihr wollte Sophie die drei Söhne anvertrauen. Als die Kinder tatsächlich die Reise dorthin antraten, überstieg das dann doch ihre Kraft, und sie schickte der Cousine einen Brief nach, dem zu entnehmen ist, wie schwer ihr diese Trennung fiel: „… Gestern reisten die guten Kinder ab, u. schon gestern abends begriff ich nicht, wie ich diese 17 oder 19 Tage ihrer Abwesenheit ertragen würde, seit beinahe 10 Jahren war ich nie… ohne meine Kinder, u. gerade dieses Jahr, wo ich mein lieb Ännchen für immer hingeben mußte, fällt mir diese Trennung doppelt schmerzlich – (obwohl?) ich sie selbst nothwendig (finde) – damit die armen Kinder doch einmal ihren langweiligen Husten loskriegen. Ich mußte gestern viel an unsere arme Liebe (die Identität dieser Frau ist leider nicht festzustellen) denken – welcher ihre beiden lieben Kleinen von blutendem Herzen geris-

Noch einmal die Brüder Carl Ludwig (der Tagebuchschreiber, s. S. 45), Franz Joseph und Ferdinand Maximilian im Jahr 1844 (nach einem Gemälde von Ch. Scolik).

Oben: Die bis heute bestehende Rettenbachmühle, ein beliebtes Ausflugsziel, wohin die kaiserliche Familie oft Spaziergänge unternahm. Unten: Der Weg von Ischl zur Rettenbachmühle.

sen wurden u. die nun für immer die schmerzliche Leere ertragen soll – die mir nur für kurze Zeit – so Gott will – auferlegt ist; nicht ausdrücken kann ich, wie sie mich jammert. Franzi u. Maxi waren weich gestimmt – als sie uns verließen. – Besonders Maxi, der die letzten Tage schon gar keine Lust an seiner Reise mehr hatte; als ich ihn küßte, überwältigte ihn seine innere Bewegung, u. er rückte sich in die Ecke der (unleserlich), sie zu verbergen; ich (einige Worte unleserlich) aber hinein u. fand sein gutes Gesicht ganz blaß mit Thränen kämpfend, an denen er mühsam schluckte... Wie einsam unser heutiges Frühstück auf der Terrasse war, kannst Du Dir vorstellen! Wir kamen uns ganz verwaist vor u. die Stille um uns war so peinlich..." (unveröffentlichter Brief Erzherzogin Sophies aus Schönbrunn vom 21. Juli 1840).

Aus einer Zeit, als die Familie wieder gemeinsam Aufenthalt in Ischl nahm, ist ebenfalls ein noch nie veröffentlichtes Dokument im Original erhalten, das guten Einblick in den privaten Alltag nehmen läßt. Es handelt sich um ein Kindertagebuch, das der dritte Sohn Erzherzogin Sophies, Carl Ludwig, führte und in das er zwei Jahre lang ziemlich regelmäßig Eintragungen machte. Im Sommer 1845 reiste er gemeinsam mit den Erziehern und den beiden Brüdern Franz Joseph und Ferdinand Maximilian nach Ischl, wo sie von den Eltern und dem jüngsten Bruder, Ludwig Victor, erwartetet wurden. Sie waren zu diesem Zeitpunkt fünfzehn, dreizehn und zwölf Jahre alt und hatten Wien nach Absolvierung aller schulischen Prüfungen Ende August verlassen.

Die Brüder Franz Joseph, Ferdinand Maximilian und Carl Ludwig erreichten Ischl am Abend des 29. August, wo sie mit einem Großteil der Familie zusammentrafen, vor allem auch mit den aus Bayern, Preußen und Baden angereisten Verwandten Erzherzogin Sophies. Vom zwölfjährigen Jüngsten stammen die folgenden Tagebucheintragungen, die mit Samstag, dem 30. August, beginnen: „In der Früh gingen wir nach Rettenbach (in die bis heute bestehende Rettenbachmühle), wo wir frühstückten mit Mama, Großmama, Tante Elise (einer Schwester Erzherzogin Sophies), und kleinem Ludwig (dem dreijährigen Bruder Ludwig Victor). Abends gingen wir mit

Neben dem jagdlichen Vergnügen gehörte es zum Alltag Kaiser Franz Josephs, die Huldigung der Bevölkerung entgegenzunehmen. Ersterem gab er deutlich den Vorzug, wie aus einem Brief des Neunzehnjährigen hervorgeht: „Ich bitte daher zur Vermeidung von Triumphbögen und weißgekleideten Mädchen nur in aller Stille ein Paar Pferde ... in Ebensee warten zu lassen ... Den Papa lasse ich gehorsamst ersuchen, womöglich auf den 17. die bewußte Gamsjagd richten zu lassen.“ (13. August 1849)

den Suiten (Gefolgsleuten) nach St. Agatha (am Fuß des Pötschen), von wo aus wir nach Steg (am Hallstätter See) gingen. Dort schifften wir uns ein und fuhren auf dem Hallstädtersee (sic) herum. Abends war Thee bei der Mama mit allen Suiten.“ Obwohl Carl Ludwig alle Ausflüge als *Spaziergänge* beschreibt, darf man annehmen, daß die zum Teil großen Distanzen in Wagen zurückgelegt wurden. Trotzdem ist auch die Möglichkeit von Fußmärschen nicht ganz auszuschließen, da die kaiserliche Familie beinahe täglich kilometerlange Spaziergänge absolvierte.

„Sonntag, 31. (August.) Um 1 Uhr fuhren wir zur Gosaumühle, von dort auf dem Hallstädtersee nach Hallstadt, dort wurde zum

Waldbachstrubb gegangen, dann wieder zurück auf dem Hallstädtersee bis nach Steg, wo der kleine Ludwig war, der auf uns mit der Marie Vecsey (einer Hofdame Erzherzogin Sophies) wartete. In Steg saßen wir in einem anderen Schiffe ein, um auf der Traun nach Ischl über alle Wehren zu fahren. Um 7 Uhr aß man. Franzi mußte gleich nach dem Essen schlafen gehen, weil er morgen auf die Gemsenjagd geht und um 3 Uhr Früh aufstehen muß. Wir zwei, Maxi und ich, blieben bei der Mama und bei der Tante Elise.“ Die Fahrten über die Traunwehren zählten damals zu den beliebtesten Sommerausflügen. Die Traun war erst im 18. Jahrhundert durch Errichtung von Schleusen schiffbar geworden, das Befahren stellte aber auch noch in der Kindheit Kaiser Franz Josephs ein Abenteuer dar.

Ein interessantes Detail am Rande: Wie dem Tagebuch zu entnehmen ist, war Kaiser Franz Joseph seit Kindertagen ein leidenschaftlicher Jäger und ließ in dem Zusammenhang schon damals alle Anzeichen der – später so berühmt gewordenen – Selbstdisziplin erkennen. Um an einer am folgenden Tag früh anberaumten Gemsenjagd teilnehmen zu können, begab sich der Fünfzehnjährige trotz der fröhlichen Familienzusammenkunft schon kurz nach 7 Uhr abends zu Bett.

Der Jagdleidenschaft waren viele Habsburger verfallen, denn wie der nächsten Eintragung zu entnehmen ist, wurde Erzherzog Franz Joseph nicht nur von seinem Vater, sondern auch von einem immerhin 61jährigen Großonkel zur Gemsenjagd begleitet. „(Montag, 1. September 1845) Heute Früh um 4 Uhr fuhren Papa, Onkel Ludwig (ein Großonkel und Bruder Kaiser Franz II./I.) und Franzi auf die Gemsenjagd. Es regnete in der Früh. Wir (die Mutter und die jüngeren Brüder) kauften ein.

Die Jäger kamen um halb 4 Uhr Nachmittags an (= wieder zurück). Mit der Nachricht, daß sie nichts geschossen haben. Nachmittag wurde es schön. Abends wurde eine kleine Promenade in der Umgebung gemacht. Die Tante Amelie (entweder eine Schwester Erzherzogin Sophies, eher aber ihre Cousine, Prinzessin Amalie Wasa) kam hier gegen 6 Uhr Abends an. Abends war Thee bei der Mama mit allen Suiten und dem Grafen und der Gräfin Gumpenberg, die Tochter des Onkel Carl von Baiern ist…“ *Onkel Carl* von

„Onkel Ludwig", Erzherzog Ludwig, ein Großonkel des späteren Kaisers Franz Joseph und wie dieser ein leidenschaftlicher Jäger.

Baiern war ein Halbbruder Erzherzogin Sophies, der in erster, unstandesgemäßer Ehe mit Sophie Petin verheiratet war. Von ihr stammt diese Tochter, die 1845 schon die Ehefrau eines Grafen Gumpenberg war. Man darf annehmen, daß das Paar kurz zuvor geheiratet hatte. Da es damals nicht üblich war, an Hochzeiten teilzunehmen, die mehrere Tagesreisen entfernt lagen, bereiste das frisch vermählte Paar später selbst die nächsten Verwandten, um das neue, oft unbekannte Mitglied in die Familie einzuführen.

Die Eintragungen des jungen Erzherzogs Carl Ludwig stehen für drei typische Tage im Salzkammergut, die jahrelang ausschließlich von Familienzusammenkünften, Wanderungen und Jagden geprägt waren. Dieses Programm schien der kaiserlichen Familie niemals langweilig zu werden. Die größte Zufriedenheit empfand man darüber, in Ischl privat und *en famille* sein zu können, was ein Leben ohne Hofleute bedeutete. Das wenige mitreisende Gefolge betrachtete man als beinahe zur Familie gehörig; bei den abendlichen Diners wurde es allerdings auch gerne *beurlaubt.*

Schönbrunn – Ischl: Ein zweitägiges Reiseprojekt

Ein heute wenig beachteter Aspekt ist, daß jeder Salzkammergutbesucher – egal, aus welcher Richtung er kam – bis zur Mitte des 19. Jahrhunderts und länger eine außerordentlich komplizierte Anreise hatte. Nicht einmal von Wien gab es eine durchgehende Verkehrsverbindung. Die beliebteste Methode, nach Ischl zu gelangen, war eine Kombination von Schiff und Pferdeeisenbahn. Dieser Reiseart bediente sich auch die kaiserliche Familie. Im Tagebuch des zwölfjährigen Erzherzogs Carl Ludwig wird sie nur beiläufig erwähnt, da sie zu den unabwendbaren Gegebenheiten seines Kinderalltags gehörte: „(Donnerstag, 28. August) In der Früh reisten wir mit dem

Ebensee, das man in der Jugend Kaiser Franz Josephs – von Gmunden aus – nur mit dem Schiff erreichen konnte.

Dampfschiff nach Linz. Wir brachten auf dem Dampfschiff auch die Nacht zu. (Freitag, 29. August) Um 10 Uhr in der Früh kamen wir in Linz an, fuhren von dort mit der Pferdeeisenbahn nach Gmunden, wo wir um 3 Uhr Nachmittag ankamen. Wir speisten dort, fuhren auf dem See nach Ebensee und dann nach Ischl zur guten Mama…"

Es bedurfte einer Menge organisatorischer Vorbereitungen und vor allem viel Muße, um die Strecke Wien–Ischl zurückzulegen, für die man heute – angenehmen Verkehr vorausgesetzt – maximal zwei bis zweieinhalb Stunden benötigt. In der Kindheit Kaiser Franz Josephs ging morgens täglich um 6 Uhr ein Dampfboot der *k.k. priv. Ersten Donau-Dampfschiffahrts-Gesellschaft* vom Landungsplatz in Nußdorf bei Wien ab, mit dem man bis Linz fuhr. Die Fahrt dauerte stromaufwärts 30 bis 32 Stunden, bei der Rückreise stromabwärts brauchte man nur noch neun bis zehn Stunden einzukalkulieren. Eine Einzelperson mußte für die Fahrt Erster Klasse stromaufwärts 6 Gulden bezahlen, stromabwärts war sie wegen der höheren Geschwindigkeit teurer und kostete 8 Gulden. Wer auf dem Schiff übernachten wollte, der konnte eine eigene Kabine mieten, für die man stromaufwärts 15 Gulden, in der Gegenrichtung 6 Gulden bezahlte.

Eine zweite Möglichkeit, von Wien nach Linz zu gelangen, war die Fahrt mit dem *k. k. Eilwagen,* der täglich um 1 Uhr abging. Man passierte auf der Poststraße zehn Stationen, die Fahrt dauerte insgesamt 22 Stunden. Trotz der Zeitersparnis von etwa zehn Stunden bevorzugten die meisten Reisenden die Schiffahrt, die sicherer und wegen der besseren Übernachtungsmöglichkeit auch bequemer war. Der Fahrpreis für den Eilwagen von Wien nach Linz betrug 9 Gulden.

Um nach Gmunden weiterzufahren, wechselte man in Linz auf die Pferdeeisenbahn, die auf dieser Strecke vier Stationen hatte. Diese Fahrt dauerte weitere sechs bis sieben Stunden und kostete pro Person für die Erste Klasse 1 Gulden 20 Kreuzer. Man konnte die Strecke auch in einem Separatwagen zurücklegen, für den man 7 Gulden extra bezahlte. In Gmunden angelangt, nahmen die meisten Reisenden Quartier im Hotel „Zum Goldenen Schiff", das sich direkt an der Schiffsanlegestelle befand. Von dort aus brachte das

Die Schiffsanlegestelle in Gmunden.

Dampfschiff „Sophie“ (nach Erzherzogin Sophie benannt) allmorgendlich die Reisenden über den Traunsee nach Ebensee. Diese Fahrt dauerte vierzig bis fünfzig Minuten, der Preis betrug pro Person Erster Klasse 50 Kreuzer. Zwischen Ebensee und Ischl verkehrten sogenannte Gesellschaftswagen, die am Anlegeplatz auf die Weiterreisenden warteten. Für die letzte Wegstrecke zahlte man 30 Kreuzer pro Person. Insgesamt war der Reisende – schönes Wetter vorausgesetzt – von Wien bis Ischl um die vierzig Stunden unterwegs, wofür er bereits (einschließlich der Kosten für die Schiffskabine und den Separatwagen) mehr als vierzig Gulden (das entsprach dem Doppelten einer durchschnittlichen Wohnungsmiete pro Jahr) seines Reisebudgets verbraucht hatte.

Eine andere Möglichkeit, von Wien nach Ischl zu reisen, bestand darin, daß man den Weg in einem gemieteten Fiaker oder im eigenen Wagen zurücklegte. Für den Fiaker bezahlte man sieben bis acht Gulden pro Tag, die Mauten noch nicht einberechnet. Die Fahrt dauerte allerdings dreieinhalb bis fünf Tage. Da zwischen Gmunden und Ebensee noch keine Straßenverbindung bestand, mußte der Wagen in Gmunden eingeschifft und über den See transportiert werden, was je nach Größe des Wagens drei bis fünf Gulden kostete.

Bei genauer Abwägung aller Vor- und Nachteile bot die von der kaiserlichen Familie gewählte Anreise mit Schiff und Pferdeeisenbahn die größtmögliche Bequemlichkeit. Erst ab dem Zeitpunkt, als zwischen Linz und Wien eine direkte Zugsverbindung bestand, konnte die Reisezeit wesentlich verkürzt werden. Kurz bevor die Bahnstrecke im Winter des Jahres 1858 der öffentlichen Bestimmung übergeben wurde, durfte die gemeinsam mit ihrem Ehemann von Ischl nach Wien reisende Erzherzogin Sophie inoffiziell die Eisenbahn benützen. Aus einem Brief an ihren Sohn Ferdinand Maximilian stammt der folgende Reisebericht: „Wir hatten (von Ischl) eine angenehme Rückreise gehabt trotz des frühzeitigen Winters.

Erzherzogin Sophie und Erzherzog Franz Carl im fortgeschrittenen Alter, die die Bahnstrecke Linz – Wien als erste inoffiziell befahren durften.

Die Sonne schien so warm am 10ten, daß ich behagl. auf dem Traunsee auf dem Verdecke des Dampfschiffs saß u. noch dort in Gmunden sitzen blieb während des Ausladens unseres Wagens. In Linz fanden wir die beseligende (unterstrichen) Nachricht, daß wir den anderen Tag auf der noch nicht dem Publikum eröffneten Eisenbahn nach Wien fortkommen konnten u. uns ein gräul. Nachtlager (an der Schiffsanlegestelle) in Mölk u. eine ganze Tagreise erspart wurde! Die Fahrt ging vortrefflich von Statten..." (unveröffentlichter Brief Erzherzogin Sophies vom 14. November 1858 aus Wien).

Von Wien nach Graz bestand übrigens schon vierzehn Jahre länger eine durchgehende Bahnverbindung, die von den Mitgliedern der kaiserlichen Familie häufig und gerne in Anspruch genommen wurde. Dafür wurde einem damals noch eine Menge Pioniergeist abverlangt. Denn lange Zeit nahm man an, daß die hohe Fahrtgeschwindigkeit der Eisenbahn einen unnatürlichen Druck auf die Organe ausüben würde und sogar zum plötzlichen Tod führen könnte.

Im Zusammenhang mit den langen Reisen sei noch auf eine andere Unbequemlichkeit verwiesen. Auf der Strecke von Wien nach Ischl mußte zumindest ein Nachtlager eingelegt werden. Diese Quartiere lagen direkt an den Poststationen oder an den Schiffsanlegestellen. Auch die kaiserliche Familie mußte sie – gemeinsam mit einer Vielzahl von Mitreisenden – beziehen. Oft waren diese Herbergen schmutzig und überbelegt. Obwohl Erzherzogin Sophie und ihre Kinder außerordentlich disziplinierte Reisende waren, scheinen die Bedingungen der Reise die Schwelle des Erträglichen oft stark überschritten zu haben, wie der folgende Briefausschnitt belegt.

Auf die Erkundigung eines ihrer Söhne berichtet die selten klagende Frau über eine dieser unliebsamen Zwangsnächtigungen zwischen Wien und Ischl: „Meine erste Sorge soll heute seyn, Dir mein gutes liebes Kind zu sagen, daß wir gestern um $^1/_4$tel auf 8 Uhr wohlbehalten hier anlangten – die Reise mir vortrefflich anschlug u. ich mich abends so stark u. wohl fühlte – daß ich sehr bedauerte, heute meinen Weg nicht bis Ischl fortsetzen zu können – da das lange Herumziehen auf der Landstraße u. in den Wirthshäusern mir so sehr zuwider ist. Jetti hat mir verrathen, daß Du ihr aufgetragen, Dir zu schreiben, wie ich die Nacht zugebracht hätte – das hat mich gerührt. Du gutes Kind – u. es freut mich, Dir berichten zu können, daß ich sehr gut geschlafen – trotz des Lärmens auf der Straße u. der Sonne – die sehr früh in unser Zimmer schien.“ (Brief Erzherzogin Sophies an ihren Sohn Carl Ludwig aus Amstetten vom 6. August 1844)

Verlobung Kaiser Franz Josephs in Ischl

Im Unterschied zu den unsauberen und unhygienischen Quartieren der Poststationen, die sich auf der Strecke zwischen Wien und dem Salzkammergut befanden, zählte das Seeauerhaus an der Ischler Esplanade zu den elegantesten Herbergen. Daß die Habsburger dort über Jahrzehnte ihr sommerliches Quartier bezogen, bescherte dem ursprünglichen Salzsiedergeschlecht eines Tages sogar die Möglichkeit, kaiserliche Familiengeschichte mitschreiben zu können. Denn 1853 fand in diesem Gebäude die schicksalhafte Begegnung Kaiser Franz Josephs mit seiner Cousine Elisabeth (Sisi), Herzogin in Bayern, statt, die in der Folge zu einer bewegten Verbindung führen sollte. Natürlich kannte Franz Joseph seine wittelsbachische Cousine seit Kindertagen, doch hatte man sich wegen der mehrere hundert Kilometer großen Entfernung zwischen Wien und München in

Kaiserin Elisabeth in frühen Ehejahren (Stich nach einem Gemälde von F. X. Schrotzberg).

Zeiten ohne geregeltem Bahnwesen nicht allzuoft gesehen. Zudem bedingte der Altersunterschied von sieben Jahren damals nur ein geringes Interesse der beiden füreinander. Was hätte ein fünfzehnjähriger Halbwüchsiger auch mit einem achtjährigen Mädchen anfangen sollen? Als sich Franz Joseph und Elisabeth im Jahr 1853 in Ischl wiedertrafen, hatte sich der Altersunterschied angeglichen. Elisabeth war etwas weniger als sechzehn Jahre alt, der Kaiser im – für damalige Verhältnisse – reifen Heiratsalter von 23 Jahren. Um für ihn möglichst bald eine standesgemäße Frau zu finden, waren die beiden wittelsbachischen Prinzessinen Helene und Elisabeth eingeladen worden. Daß man ihm zwei Schwestern präsentierte, sollte ihm eine – wenn auch kleine – Auswahl ermöglichen. Wie aus der Geschichte hinlänglich bekannt ist, entschied sich Kaiser Franz Joseph spontan für die jüngere der beiden Schwestern, Elisabeth. Auf seinen Wunsch wurde schon ein paar Tage später die Verlobung gefeiert. Wenig bekannt ist, wie die anderen Familienmitglieder seine Entscheidung aufnahmen und welche Stimmung darüber herrschte. Vor allem die Haltung Erzherzogin Sophies, der Mutter des Kaisers, wurde bis jetzt in eigentlich allen Werken falsch dargestellt. Der Grund dafür mag zum einem in der einseitigen Quellenlage liegen, zum anderen aber auch darin, daß viele private Dokumente bis jetzt noch nicht bekannt waren. Wahr ist auf jeden Fall, daß Erzherzogin Sophie zu den eifrigsten Unterstützerinnen des Heiratsprojekts gehörte und daß sie ihre Nichte vom ersten Augenblick an als innig geliebte Schwiegertochter in die Arme schloß.

Sonderbar im Zusammenhang mit der oft kolportierten Geschichte der *bösen Schwiegermutter* ist die Existenz eines seit 63 Jahren öffentlich zugänglichen Dokumentes, auf das in historischen Werken zwar schon verwiesen wurde, das aber bis heute noch niemand im Originalwortlaut wiedergab. Es handelt sich dabei um einen Brief, den Erzherzogin Sophie aus Anlaß der Verlobung Kaiser Franz Josephs an ihre Zwillingsschwester Marie, Königin von Sachsen, schickte. Das Schreiben wurde am 22. April 1934 in der *Reichspost* abgedruckt und hält die glückselige Stimmung der künftigen Schwiegermutter wie der anderen anwesenden Verwandten fest.

Erzherzogin Sophie (r. sitzend) und ihre Zwillingsschwester Marie, Königin von Sachsen, die als eine der ersten von der Verlobung Kaiser Franz Josephs erfuhr.

Der Brief greift auf die Ereignisse der vergangenen Tage zurück und setzt bei der Ankunft Elisabeths mit ihrer Mutter und ihren Geschwistern im Ischler Hotel ein: „,… mit innigem Wohlgefallen sah ich (Erzherzogin Sophie) zu, wie Sisi ihre Haare selbst ordnete, mit einer Anmut und Grazie in allen ihren Bewegungen, die Sophie (eine Kammerfrau) wie auch mich entzückte. Desto mehr, da sie sich gar nicht bewußt war, einen so angenehmen Eindruck hervorgebracht zu haben…"

Wenig später wechselte die Gesellschaft in das Haus Seeauer, wo Erzherzogin Sophie die Neuangereisten im Kreise von Verwandten in Empfang nahm. Im Toilettezimmer seiner Mutter begegnete Franz Joseph den beiden Schwestern Helene und Elisabeth, die er seit Jahren nicht mehr gesehen hatte, und reagierte prompt: „Mein Carl (Erzherzog Franz Carl, der Ehemann Sophies und Vater Franz Josephs), der ein sehr guter Beobachter ist, sagte mir, daß in dem Augenblick als der Kaiser Sisi erblickte, ein Ausdruck so großer Befriedigung in seinem Gesicht erschien, daß man nicht mehr zweifeln konnte, auf wen seine Wahl fallen würde. Er strahlte, und Du weißt, wie sein Gesicht strahlt, wenn er sich freut. Die liebe Kleine ahnte nichts von dem tiefen Eindruck, den sie auf Franzi gemacht hatte. Bis zum Augenblick, da ihr Mutter ihr davon sprach, war sie nur von Scheu und Schüchternheit erfüllt ... Aber wie gut stand ihr diese Verlegenheit und diese Schüchternheit! Und sie war so hübsch und anmutig dabei! Am Morgen des 17. (August 1853) kam der Kaiser zu mir, kaum daß ich aufgestanden war, und sagte mir mit strahlender Miene, daß er Sisi reizend fände. Ich bat ihn, die Sache nicht zu überstürzen, es genau zu überlegen, aber er meinte, man dürfe es auch nicht in die Länge ziehen. Er war so erregt, daß er in diesen Tagen immer wieder zu mir kam, wenn er auch nicht immer von Sisi sprach. Charlotte (Erzherzogin Sophies Halbschwester, Witwe nach Kaiser Franz II./I.) kam am 17. abends und erschien auf dem Ball, wo Sisi in einem weißrosa Tarlatankleid entzückend aussah. In ihren schönen Haaren hatte sie einen großen Kamm stecken, der die Zöpfe rückwärts zurückhielt ... Die Haltung der Kleinen ist so anmutsvoll, so bescheiden, so untadelig, so graziös, ja beinahe demutsvoll, wenn sie mit dem Kaiser tanzt ... Néné (Helene, die ältere Schwester Elisabeths) hat übrigens auch viel Erfolg, viele Herren sind ganz entzückt von ihr. Die ganze Erscheinung dieser beiden anmutigen und schön gewachsenen Wesen macht überall den günstigsten Eindruck ... Nach der Promenade (des 18. August) kam der Kaiser zu mir, und ich bemerkte, daß er etwas auf dem Herzen habe und mit mir sprechen wollte. Ich frug ihn, ob er etwas zu sagen habe. Er antwortete: ‚Ja sehr, ja sehr!' Scherzend schickte ich Bubi (den jüngsten Sohn Ludwig Victor) ins andere Zimmer, und da sagte er, ich möge Luise (die Mutter Elisabeths) bitten, Sisi auszuforschen, ob sie ihn haben wolle, ‚aber', setzte er mit seiner gewohnten Bescheidenheit dazu, ‚bitte sie, daß sie keinerlei Druck auf ihre Tochter ausüben wolle'... Ich war so glücklich und lief gleich zu Elise (eine ihrer Schwestern), um ihr meine Freude mitzuteilen. Als Luise zum Tee kam, machte ich sie allmählich mit dem Wunsche des Kaisers bekannt. Sie

Kaiserin Caroline Auguste („Charlotte"), Halbschwester Erzherzogin Sophies und Witwe nach Kaiser Franz II./I.

drückte mir bewegt die Hand, denn sie hatte in ihrer großen Bescheidenheit immer gezweifelt, daß der Kaiser wirklich an eine ihrer Töchter denken würde. Am Abend konnte ich mir es nicht versagen, im Vorübergehen Elise und den Brüdern zu sagen: ‚Ich bin so glücklich!' … Als Luise von den Absichten des Kaisers zu Sisi sprach, wurde diese ganz ergriffen und schaute ihre Mutter mit ihrem innigen Blick an, so strahlend und bezaubernd und mit ihrem verführerischen Lächeln; und als sie die Mutter frug, ob sie ihn lieben könnte, sagte sie: ‚Wie sollte man d e n Mann nicht lieben können?' Dann brach sie in Thränen aus und versicherte, sie würde alles tun, um den Kaiser glücklich zu machen und für mich das zärtlichste Kind zu sein. ‚Aber', sagte sie, ‚wie kann er nur an mich denken? Ich bin ja so unbedeutend!' – Dieses Wort beweist wohl, daß sie es nicht ist."

So lautet der Originalbericht über die Verlobung Kaiser Franz Josephs in Ischl, die harmonischer und familiärer nicht hätte stattfinden können. Niemand zeigte sich enttäuscht über die Wahl, schon gar nicht seine Mutter, Erzherzogin Sophie, von der die Geschichte das Bild der bösen Schwiegermutter überliefert. Wie sie wirklich war – warm, privat und völlig unprätentiös – beweist auch der folgende Bericht einer Zeitzeugin, die sie am Morgen des 19. August 1853 (also knapp nach der Verlobung im Familienkreis) traf, als sie gemeinsam mit dem Brautpaar die Ischler Pfarrkirche verließ. Die Erzählerin ist die Mutter Alfred Ritter von Arneths, eine ehemalige Schauspielerin, die sich zur selben Zeit wie die kaiserliche Familie im Salzkammergut aufhielt. Als sie hörte, daß der frisch verlobte Kaiser seine Verbindung während der Messe segnen lassen wollte, eilte sie dorthin, um am allgemein herrschenden Jubel Anteil zu nehmen. Was sie erlebte, bestätigt den vorhergehenden Bericht: Alle Mitglieder der kaiserlichen Familie sowie die anwesenden Verwandten der regierenden Häuser Wittelsbach, Hohenzollern und Hessen machten „so vergnügte Gesichter, und es bereitet wirkliche Freude, die beiden Vergnügtesten unter ihnen, das Brautpaar, diese schöne und poetische Lebensepoche so ganz ungestört aus voller Seele an diesem reizenden Orte und von herrlichem Wetter begünstigt genießen zu sehen. Ich war so glücklich, einen angenehmen Moment zu erhaschen, als ich aus der Kirche ging, und der (kaiserliche) Leiblakai gerade den Wagen aufriß. In der Eile fiel ihm ein Gebetbuch von den dreien, die er trug, auf den Boden, und eine ganze Ladung Blätter und Blumen fiel heraus, wahrscheinlich sehr theure Pfänder von halb errathenen Empfindungen, Zeugen der allerletzten Tage, denn sie waren noch weich und frisch. ‚Die arme Kleine', sagte bedauernd Erzherzogin Sophie und bückte sich nach den Blumen. Ich aber war schnell, kam ihr zuvor und überreichte ihr zwei Rosen und eine Genziane, welche offenbar erst den Tag vorher gepflückt worden waren. Sie dankte mir sehr freundlich, stellte mich Allen, auch der Königin von Preußen vor, ja sie holte mir sogar aus dem Hintergrunde die jugendliche Braut und sagte: ‚Jetzt stelle ich Ihnen unsere künftige Kaiserin vor.'" (Arneth, 2. Bd., S. 22)

Blick auf die Ischler Pfarrkirche, in der die Verbindung Franz Josephs und Elisabeths gesegnet wurde.

Erzherzogin Sophie freute sich so sehr über das Zustandekommen der Verbindung zwischen ihrem Sohn und ihrer Nichte, daß sie dem jungen Paar – vermutlich auch zur Erinnerung an den Ort des historischen Zusammentreffens – eine Villa in Ischl schenkte. Das später im Volksmund *Kaiservilla* genannte Gebäude gehörte damals dem aus Wien stammenden Arzt Dr. Eltz. Seit Jahren hatte er es während der Sommersaison vermietet – zuletzt an den ehemaligen Staatskanzler Fürst Clemens Metternich und seine Familie. Auf Veranlassung Erzherzogin Sophies wurde das neuerstandene Gebäude sofort renoviert und konnte im August 1854 – vier Monate nach der Hochzeit Kaiser Franz Josephs mit Prinzessin Elisabeth von Bayern in Wien – bezogen werden. Die Eltern des Kaisers haben die Villa nur als Gäste betreten. Denn während ihrer Ischler Aufenthalte bewohnten sie auch weiterhin das Seeauerhaus an der Esplanade. Das Gebäude wurde im Jahr 1880 – zu einem Zeitpunkt, als Erzherzogin

Bürgermeister Wilhelm Seeauer von Ischl, der Besitzer des Gästehauses an der Esplanade. Er entstammte der berühmten Salzsiederfamilie, die seit dem 13. Jahrhundert Salz gewann. Später wurde die Familie in den Grafenstand erhoben.

Sophie und Erzherzog Franz Carl nicht mehr lebten – umgebaut und später Hotel Austria genannt. Heute beherbergt das Haus, an dessen Front sich noch immer der Namenszug des Hotels befindet, das Ischler Stadtmuseum.

Die Kaiservilla erhielt ihre heutige Form erst im Jahr 1873. Sie war der ständig wachsenden Familie eines Tages zu eng geworden, weshalb sie umgebaut und vergrößert wurde. Um diese Zeit erhielt sie auch den Grundriß in Form des Buchstaben E (für Elisabeth), einer der vielen Liebesbeweise Kaiser Franz Josephs für seine Frau, mit der er nur in Ischl ein einigermaßen normales Familienleben führen konnte.

Historisch ist – in bezug auf die Kaiservilla – das Jahr 1914 von

Die Kaiservilla (nach dem Umbau 1873), das Hochzeitsgeschenk Erzherzogin Sophies an ihren Sohn und ihre Schwiegertochter.

Bedeutung, als Kaiser Franz Joseph seinen letzten Aufenthalt in Ischl nahm. Im Frühsommer formulierte er dort das Manifest *An Meine Völker,* die Rechtfertigung für die Kriegserklärung an Serbien nach dem Attentat auf den Thronfolger Erzherzog Franz Ferdinand. Von Wien aus leitete Kaiser Franz Joseph die weiteren Geschicke der Monarchie während des Ersten Weltkriegs, wo er zwei Jahre später starb.

Als die Monarchie abgeschafft wurde, verfügten die neuen Machthaber über das habsburgische Privatvermögen. Ein Großteil der Besitzungen wurde enteignet, weil viele Familienmitglieder den Verzicht auf den Thron nicht leisteten. Die Kaiservilla verblieb aber in Familienbesitz. Im Jahr 1919 durften sich die Nachkommen zwar nur drei Tage darin aufhalten, sie erhielten das Gebäude und den umgebenden Park aber ein Jahr später zurück. Erzherzogin Marie Valerie, die jüngste Tochter Kaiser Franz Josephs, hatte die Villa nach dem Tod ihres Vaters geerbt und zog als neue Besitzerin ein. Sie hatte seit jeher ein besonderes Naheverhältnis zu Ischl gehabt, wo sie viele Sommer im Kreis der Familie verbracht hatte und wo sie im

Erzherzogin Marie Valerie, die jüngste Tochter Kaiser Franz Josephs, mit ihrem Ehemann, Erzherzog Franz Salvator, und der ersten Tochter Elisabeth.

Jahr 1890 auch ihre Hochzeit mit Erzherzog Franz Salvator beging. Das Gebäude ist bis heute im Besitz ihrer Nachkommen und wird von einem ihrer Enkel und dessen Familie bewohnt.

Die große Welt in Ischl

In den dreißiger Jahren des 19. Jahrhunderts war der Kurort Ischl sosehr in Mode gekommen, daß er sich schon bald eines regen Zustroms illustrer Gäste erfreute. In den vierziger Jahren zählte man jährlich zwischen 1500 und 2000 Badegäste zuzüglich der – weniger bemittelten – 2000 bis 3000 Durchreisenden, die sich nur einen Tag lang unter die mondäne Welt Ischls mischten. Einen längeren Aufenthalt konnten sich die meisten Menschen nicht leisten, denn abgesehen davon, daß man eine Nächtigung zu bezahlen gehabt hätte, fiel nach 24 Stunden Aufenthalt auch noch die Kurtaxe an. Sie betrug – ebenso wie der Preis für das Quartier – mehr als einen Gulden pro Tag (zum Vergleich: um einen Gulden konnte man beinahe 15 Kilogramm Brot kaufen, wovon eine vierköpfige Familie zwei Wochen lang lebte). Für eine Woche Aufenthalt hatte man 8 Gulden Kurtaxe zu bezahlen, hinzu kam die Musiktaxe, die sich für denselben Zeitraum auf 3 Gulden belief. Ischl galt als besonders teuer, worüber sich sogar die Gefolgsleute der Fürsten beklagten, die aber die Aufenthaltskosten rückvergütet bekamen. Eine Hofdame der schwedischen Prinzessin Amalie Wasa schreibt in einem ihrer Briefe: „Unsere Wohnung hier im Hotel ist schön und sehr angenehm. Wir haben die Aussicht auf die Traun und den ganzen Tag Sonne. Das macht die Temperatur in den Zimmern gesund und trocken. Damit sind wir sehr zufrieden, würden es aber wahrscheinlich nicht mit dem Essen sein, das teuer und abscheulich schlecht sein soll. Unsere Frauen aßen die erste Woche an der Table d'hôte, baten sich aber später das Kostgeld aus, weil die Küche zu abscheulich ist." (Brief der Baronin Scharnhorst aus Ischl, 30. Sept. 1844, in: Hofdamenbriefe)

1840 war am Gries – oberhalb des Traunufers gelegen – das erste Casino errichtet worden. Das Gebäude war „in zwei Hauptabtheilungen geschieden, zwischen welchen die Einfahrt geführt ist. In der vordern, gegen die Traun gerichteten Abtheilung befinden sich die beiden schönen, mit der größten Eleganz eingerichteten Lese- und Conversationssäle. In dem rückwärtigen Theile ist der Speisesaal …

Das in den siebziger Jahren errichtete Kurhaus im Kurpark, das 1965 abbrannte und wenig später wieder original nachgebaut wurde.

Die Bestimmung des Casino's ist, der Gesellschaft in der Badesaison Gelegenheit zu geben, sich in einer zweckmäßigen Lokalität vereinigen, und durch Zeitungslektüre, Spiel, Musik, Tanz und Conversation, besonders bei ungünstiger Witterung, unterhalten zu können." (Weidmann, S. 384f.) Im Casino lagen auch die neuesten internationalen Zeitungen auf. Es wurde als Club geführt, ein Abonnement kostete acht Gulden pro Saison. Bei diesem Preis war man sicher, unter seinesgleichen zu bleiben: er lag weit über einem Drittel der damaligen jährlichen Wohnungsmiete eines Durchschnittsösterreichers.

Um auch beim Essen die beste Qualität anbieten zu können, wurde die Leitung des Casinospeisebetriebs Johann Zauner übergeben, der nicht nur der Erste Konditor am Platze war, sondern auch über einen Restaurationsbetrieb verfügte. Man konnte sowohl bei Zauner in der Pfarrgasse als auch bei Zauner im Casino nach der

Karte (à la carte) oder ein Tagesmenü (früher: Table d'hôte) speisen – das Essen unterschied sich in nichts von den führenden Häusern in Wien, Prag, Berlin und Paris. Ein köstliches Detail am Rande: Wer dem Zauner völlig verfallen war, konnte sich in seinem Stammhaus in der Pfarrgasse sogar als Sommergast einmieten. Insgesamt standen acht Zimmer und vier Kammern zur Verfügung sowie zwei Gästeküchen und ein schattiger Garten. Es läßt sich erahnen, welche Düfte die Hausgäste am Morgen willkommen hießen.

Als man in den siebziger Jahren des 19. Jahrhunderts dachte, mit den kleinen und feinen Gebäuden kein Auskommen mehr zu haben, errichtete man das weitläufige im Kurpark befindliche Kurhaus, mit dem sich die Stadt ein architektonisches Denkmal setzte. Großzügige Räume sollten eine Vielzahl von Gästen beherbergen, ein riesiger Festsaal, Lese- und Vortragszimmer boten alle Annehmlichkeiten eines großstädtischen Kulturzentrums. Allerdings hatte die Inbetriebnahme des Kurhauses nicht nur die Schließung des am Traunufer gelegenen Casinos zur Folge. Einen wesentlich größeren Verlust erlitt Ischl durch das Ausscheiden Karl Zauners, des Sohns von Johann, der eine weitere Zusammenarbeit unter den neuen Gegebenheiten verweigerte. Wesentlich harmonischer verlief die Beziehung Zauners zur österreichischen Kaiserfamilie. Als im Jahre 1879 das fünfzigste Jubiläum der Anwesenheit Erzherzog Franz Carls, des Vaters von Kaiser Franz Joseph, in Ischl begangen wurde, kreierte der Konditor ihm zu Ehren eine Mehlspeise – die Jubiläumsschnitte, einen besonders flaumigen Schokoladekuchen.

Das Ischler Kurhaus beschritt nun eigene Wege. Auch ohne Unterstützung Zauners wurden ein Café und ein Restaurant betrieben. Man warb mit traditioneller Wiener Küche, Diners zu Fixpreisen und Speisen à la carte zu jeder Tageszeit und mehreren Billardtischen im Kaffeehausbetrieb. Einen besonderen Reiz bot die großzügig angelegte Terrasse, von wo aus man dreimal täglich den Kurkonzerten lauschen konnte.

Neunzig Jahre nachdem das Kurhaus fertiggestellt worden war, fiel es im Jahr 1965 einem Brand zum Opfer und hinterließ in dem ihn umgebenden Kurpark eine wenig reizvolle Lücke. Für Ischler

Der ohne jedes Sicherheitspersonal durch Ischl spazierende Kaiser Franz Joseph.

und Ischlliebhaber war es ein Wahrzeichen geworden, weshalb man es im bewährten Gründerzeitstil neu errichtete. Seit 1961 beherbergt das Kurhaus die Ischler Sommeroperette, die alljährlich im Juli und August traditionelle Musikstücke zur Aufführung bringt.

Zurück zu den illustren Gästen, den Hauptdarstellern der Ischler Sommersaison. Im Umkreis der kaiserlichen Familie wimmelte es von europäischen Regenten, denen man zum Erstaunen von Einheimischen und anderen Gästen überall begegnen konnte. So wie Kaiser Franz Joseph, der in Ischl auf jedes Sicherheitspersonal verzichtete, fühlten sich auch sie dort sicher und willkommen. Sie glichen ihren Alltag dem der ländlichen Bevölkerung an und führten ein Leben ohne städtisches Zeremoniell. Jeder, der dem Mitglied einer Für-

Zwei treue Gäste von Ischl: die Zwillingsschwestern Amalie und Elisabeth („Elise", r. sitzend), Königinnen von Sachsen und Preußen und Schwestern Erzherzogin Sophies.

stenfamilie begegnete, konnte es ansprechen. Daß das aber auch nur selten geschah, hängt sicherlich mit dem damals noch ehrerbietigeren Verhalten der Leute zusammen. Der häufigste Sprechkontakt mit den hohen Gästen war ein freundlicher Gruß, der dem Grüßer meist in lebenslanger Erinnerung blieb.

Was die Harmonie zwischen Einheimischen und fürstlichen Gästen förderte, war die Tatsache, daß die Mitglieder der zahlreichen europäischen Regentenfamilien weniger aus politischen Gründen angereist kamen, sondern vielmehr, um im Kreis ihrer Verwandten die Sommerfrische zu genießen. Sowohl Königin Amalie von Sachsen als auch Königin Elisabeth („Elise") von Preußen, zwei der treuesten Gäste in Ischl, waren Schwestern Erzherzogin Sophies. Auch König Wilhelm I. von Preußen (der spätere deutsche Kaiser und

Schwager Elises), kam wiederholte Male. Er bewohnte stets eine Suite im Hotel Talacchini, wo auch Herzogin Ludovika („Luise“) in Bayern mit ihren Kindern Quartier bezogen hatte, als sie im Jahre 1853 Kaiser Franz Joseph ihre beiden Töchter Helene und Elisabeth als mögliche Bräute vorstellte.

Das Hotel Talacchini wurde nach seinem Erbauer, Francesco Talacchini, benannt, der die Mestrebrücke bei Venedig und die Semmeringstraße geplant hatte. Das Gebäude wurde 1845 eröffnet, um den immer zahlreicher werdenden vornehmen Gästen ein entsprechendes Quartier anbieten zu können. „Da übrigens in den letzten Jahren … der Ort besonders ein Lieblingsaufenthalt des Adels geworden war, auch die fremden Badegäste aus dem Norden und Westen von Europa immer mehr zuströmten, so ward in den letzern Jahren der Entschluß, in Ischl auch ein großartiges Hotel zu errichten, welches allen Anforderungen, welche die Fremden, an Etablissements solcher Art gewohnt, stellen, entspräche. So entstand das Hotel Tallacchini, ein wahrhafter Pallast, das größte Prachtgebäude Ischls…“ (Weidmann, S. 382f.) Leider fiel der Prachtbau dem Ischler Großbrand des Jahres 1865 zum Opfer, wurde aber schon bald wieder neuaufgebaut. Später erhielt das Hotel – in Erinnerung an den ersten Aufenthalt der nachmaligen Kaiserin Elisabeth – auch ihren Namen. Um die Jahrhundertwende war das Hotel Elisabeth im Besitz von Mitgliedern der Familie Seeauer, die schon Erzherzogin Sophie und Erzherzog Franz Carl in ihrem Hause an der Esplanade beherbergt hatten. Das Hotel Elisabeth war wie die meisten Ischler Hotels nur während der Saison – also zwischen Anfang Mai und Ende September – geöffnet. Um 1909 verfügte es über einen Personenaufzug, Bäder, eine Halle, über etliche Gesellschaftsräume, eine eigene Bibliothek und über eine in historischen Kellerräumen gelegene Bar. Man konnte in einem für Gäste reservierten Saal Table d'hôte speisen oder im öffentlichen Restaurant à la carte. Die berühmtesten Gäste des Hotels waren König Carol I. von Rumänien, ein Vetter Kaiser Franz Josephs, und Kaiserin Eugenie von Frankreich, die Ehefrau Kaiser Napoleons III.

Zu den exotischen Gästen Ischls zählten König Chulalongkorn

Oben: Das Hotel Elisabeth im heutigen Zustand.
Unten: Das auf einer Anhöhe über Ischl gelegene Hotel Bauer (linkes Bilddrittel, knapp unter der Wallfahrtskirche) während der Bauzeit.

Oben: König Franz II. von Sizilien und seine Ehefrau Marie, eine Schwester Kaiserin Elisabeths. Unten: Königin Christine von Spanien, Tochter Erzherzog Carl Ferdinands, mit zwei ihrer Kinder.

von Siam und Pedro II., Kaiser von Brasilien. Der Titel des letzteren darf aber nicht über die nahe Verwandtschaft zu den Habsburgern hinwegtäuschen. Pedros Mutter, Kaiserin Leopoldine von Brasilien, war eine Schwester Kaiser Ferdinands I. und Erzherzog Franz Carls, Pedro also ein direkter Vetter Kaiser Franz Josephs. Kaiser Pedro II. wohnte im heute nicht mehr existierenden Hotel Bauer. Es lag auf einer Anhöhe und bot einen schönen Ausblick auf Ischl und auf den Dachstein. Zu den Annehmlichkeiten, die das Hotel um die Jahrhundertwende bieten konnte, zählten ein weitläufiger Park mit Tennisplätzen, Solebäder, hoteleigene Wagen, elektrisches Licht, Lift, interurbanes Telephon, mehrere Hallen, ... Lese- und Rauchzimmer sowie verschiedene Speisesäle für Frühstück, Diners, Table d'hôte- und A la carte-Gäste. Zu den weiteren prominenten Gästen gehörten König Franz II. von Neapel-Sizilien und seine Ehefrau Marie, ebenfalls nahe Verwandte der Kaiserfamilie: Marie war – wie die oft anreisende Helene, Erbprinzessin von Thurn und Taxis – eine Schwester Kaiserin Elisabeths. Auch Königin Christine von Spanien, die Urgroßmutter des regierenden Königs Juan Carlos, residierte während ihres Ischler Aufenthalts im Hotel Bauer. Sie war eine geborene Erzherzogin von Österreich, sowohl eine Enkelin Erzherzog Carls, des Siegers von Aspern, als auch Erzherzog Josephs, des Palatins von Ungarn, zweier Brüder von Kaiser Franz II./I., somit in doppeltem Sinn eine Cousine zweiten Grades von Kaiser Franz Joseph.

Zu den weniger nahen Verwandten, die im Hotel Bauer abstiegen, zählte Fürst Ferdinand von Bulgarien, der spätere König und Zar. Als Mitglied der herzoglichen Familie von Sachsen-Coburg-Saalfeld und Sachsen-Coburg-Gotha aus dem Haus Wettin gehörte er einer der erfolgreichsten Fürstendynastien des 19. Jahrhunderts an: das Geschlecht besetzte damals die Königsthrone von England, Belgien, Portugal, Bulgarien und Sachsen und regierte die Herzogtümer von Sachsen-Meiningen, Sachsen-Hildburghausen und Sachsen-Altenburg sowie von Sachsen-Coburg-Saalfeld und Sachsen-Coburg-Gotha.

Bevor Ferdinand von Bulgarien Prinzessin Marie Luise von Parma (übrigens eine Halbschwester Zitas, der letzten Kaiserin von

Die Schauspielerin Katharina Schratt im Kostüm der Kaiserin Maria Theresia, die sie in einem Stück von Franz von Schönthan interpretierte.

Österreich) heiratete, stand er in einem – sehr nahen – Verhältnis zu einer Frau, die im Leben Kaiser Franz Josephs später eine bedeutende Rolle spielen sollte. Ferdinand war ein Geliebter Katharina Schratts, jener Schauspielerin, die Kaiserin Elisabeth ihrem Ehemann als Gesellschafterin zugeführt hatte. Im Unterschied zum Fürsten von Bulgarien sollte aber Kaiser Franz Joseph nie ihr intimer Liebhaber werden. Katharina Schratt litt darunter, und sie kam in dem umfangreichen Briefwechsel mit dem Kaiser oftmals auf dieses für sie so schmachvolle Thema zu sprechen. Mitunter bat sie ihn sogar wörtlich, den letzten Schritt zu vollziehen. Doch der Kaiser, der sich gerade ihr gegenüber besonders ritterlich verhalten wollte, lehnte ihr Ansinnen immer wieder ab. Eines der beliebtesten Mittel Katharina Schratts, den Kaiser weich zu stimmen, bestand darin, ihn mit anderen Männern, die tatsächlich ihre Liebhaber waren, eifer-

Fürst Ferdinand von Bulgarien, einer der Liebhaber Katharina Schratts.

süchtig zu machen. Dabei spielte Ferdinand von Bulgarien eine bedeutende Rolle. In den Briefen an den Kaiser wird er aber vorsichtshalber als *brüderlicher Freund* bezeichnet. Das veranlaßte Kaiser Franz Joseph dazu, sich wegen des Altersunterschiedes von mehr als zwanzig Jahren als *väterlichen Freund* zu benennen – eine Wendung, die der Schauspielerin sicherlich auch nicht gefiel.

Katharina Schratt hatte seit dem Jahr 1887 Kontakt zur kaiserlichen Familie. Die immer inniger geratende Freundschaft führte letztendlich auch dazu, daß sie im Jahr 1889 ihr früheres Sommerquartier – die Villa Frauenstein am Wolfgangsee – aufgab und sich in Ischl niederließ. Wie allgemein bekannt ist, fand sie in der Villa Felicitas (heute Villa Schratt) einen idealen Wohnort, der es dem Kaiser ermöglichte, den Weg zu ihr in kürzester Zeit zu Fuß zu bewältigen.

Das Königspaar von Rumänien (l.u.r. von Kaiser Franz Joseph), Carol I. und Elisabeth („Carmen Silva“), mit dem das österreichische Kaiserpaar eng befreundet war.

Übrigens verband Katharina Schratt auch mit der Familie Zauner einiges Gemeinsames: Zunächst entstammte auch sie einem Haus mit großer Backtradition. Zwar besaßen ihre Eltern weder eine Konditorei noch ein Essenslokal, aber zumindest eine gutgehende Bäckerei in der Kurstadt Baden bei Wien. Zudem stand die Schauspielerin im Ruf, eine fabelhafte Köchin zu sein. Dieser Eigenschaft verdankte sie unter anderem zahlreiche Morgenbesuche Kaiser Franz Josephs, der es liebte, um diese Zeit auf Gugelhupf und Kaffee vorbeizuschauen. Katharina Schratt, die den Kuchen nach einem streng gehüteten Familienrezept bereitete, mußte das Geheimnis eines Tages vorsichtshalber an die Familie Zauner weitergeben. Aus Angst, der Gugelhupf würde einmal nicht gelingen, ließ sie in der Ischler Konditorei täglich ein Duplikat anfertigen, das allmorgendlich geliefert wurde. Auf diese Weise kam auch der Zauner in den Genuß des schrattschen Originalrezepts und erhielt in der Folge die Erlaubnis, den Kuchen auch für die Gäste der Konditorei nachzubacken. Man vermutete, daß, was dem Kaiser schmeckt, auch reißenden Absatz bei seinen Untertanen finden würde. Das Konzept ging auf, denn der Guglhupf steht bis heute auf dem Mehlspeisenprogramm des Café Zauner.

Zurück zu den europäischen Regenten, die sich in Ischl im Umkreis der österreichischen Kaiserfamilie einige Tage der Erholung gönnten. In den neunziger Jahren kam König Carol I. von Rumänien – ebenfalls ein naher Verwandter Kaiser Franz Josephs – mit seiner Ehefrau Elisabeth. Sie zählte zu den wenigen Freundinnen Kaiserin Elisabeths. Beide Damen verband eine hohe Sensibilität, ein angeborener Hang zum Schwärmen und vor allem die Liebe zur Schriftstellerei. Während die österreichische Kaiserin aber nur heimlich schrieb und die Veröffentlichung ihres Werkes erst sechzig Jahre nach ihrem Tod erlaubte, erschienen die Bücher der Königin von Rumänien – unter dem Pseudonym Carmen Silva – schon zu ihren Lebzeiten.

Zu den immer wiederkehrenden Gästen zählte auch der englische König Eduard VII., der 1905 zum ersten Mal nach Ischl gekommen war. Er bewohnte – wie übrigens auch das Königspaar von Rumänien – stets eine Suite in dem am Traunufer gelegenen Hotel Elisabeth. Einem der Besuche des englischen Königs hat die österreichische Automobilindustrie viel zu verdanken. Wie allgemein bekannt ist, hegte Kaiser Franz Joseph eine innige Abneigung gegen jede Art von technischem Fortschritt. Kanzleiakten mußten ihm handgeschrieben vorgelegt werden, weil er den Gebrauch der Schreibmaschine nicht erlaubte, und statt die allerorts neu eingebauten Aufzüge zu benutzen, stieg er bis zu seinem Tod die Treppen *höchstselbst* hin-

König Eduard VII. und Kaiser Franz Joseph vor dem Hotel Elisabeth.

auf. Die Einführung des Automobils empfand er als eine weitere Unnötigkeit, weshalb er sich beharrlich weigerte, in eines einzusteigen. Nicht so König Eduard VII., der als einer der ersten in Ischl mit einem motorbetriebenen Wagen umherfuhr. Als er im Sommer des Jahres 1908 im Hotel Elisabeth den Besuch Kaiser Franz Josephs empfing, schickte er den kaiserlichen Kutscher heimlich weg. Er erklärte dem verdutzt schauenden Mann, daß er den österreichischen Monarchen selbst nach Hause fahren würde. Als Kaiser Franz Joseph sich später am Hoteleingang von Eduard verabschiedete, vermißte er sofort seine Kutsche. Sein Gastgeber erklärte ihm, daß er sich erlaubt hatte, diese wegzuschicken. Daraufhin drängte er den Kaiser, in seinem Automobil Platz zu nehmen und wies seinen Chauffeur an, loszufahren. Wenn sich Kaiser Franz Joseph dabei auch ein wenig übertölpelt fühlte, so hatte die Sache letztendlich ihren Zweck erfüllt. Die österreichischen Automobilhersteller, die davon erfuhren, beeilten sich, dem Monarchen ihre luxuriösesten Stücke zum Geschenk zu machen. Mit dem Kaiser als Werbeträger durfte man hoffen, die noch junge Automobilwirtschaft ankurbeln zu können. Die Rechnung ging auf. Der Kaiser benutzte tatsächlich die ihm zur Verfügung gestellten Wagen und durfte sich zumindest dieses eine Mal zu den Vorkämpfern einer neuen Technik zählen. Natürlich ahmten zahlreiche Mitglieder der vermögenden Gesellschaftsschichten das kaiserliche Beispiel nach, erstanden die elegantesten und teuersten Modelle, und die Autoindustrie erlebte einen mächtigen Aufschwung. Später erfuhr sie noch eine große Genugtuung, an die wohl keiner gedacht hatte, als man Kaiser Franz Joseph den ersten Wagen schenkte: Der Kaiser wurde ein treuer und vor allem zahlender Kunde.

Für längere Reisen bediente sich Kaiser Franz Joseph aber noch immer lieber der Eisenbahn. Er besaß einen eigenen Hofwagen, eine Suite aus mehreren Waggons mit Schlaf-, Speise-, Küchen-, Sanitär- und Gesindeabteilen, die an die öffentlichen Züge angehängt wurden. Ab dem Jahr 1877 konnte man erstmals von Wien bis Ischl durchfahren, was einen großen Fortschritt für das Verkehrswesen der Monarchie bedeutete.

Zwei seltene Aufnahmen: Kaiser Franz Joseph mit zwei seiner Thronfolger (in der Pferdekutsche mit Erzherzog Franz Ferdinand, im Wagen mit Erzherzog Karl, dem späteren Kaiser).

Großes Panorama von Ischl, das sich ab 1906 Bad Ischl nennen durfte.

Knapp dreißig Jahre nach diesem technischen Erfolg – und mehr als achtzig Jahre, nachdem Ischl den Bade- und Kurbetrieb aufgenommen hatte – wurde der Stadt eine längst überfällige Ehre zuteil: Sie durfte ihrem Namen das begehrte Wörtchen *Bad* voranstellen. In der Sprachtradition ist es allerdings beim alten, also nur bei Ischl, geblieben. Gaby von Schönthan, eine Salzkammergutexpertin, erklärt sich das Phänomen aus dem allgemeinen Sprachumgang mit berühmten Institutionen – sie benötigen keine Prädikate. So wurden auch aus Bad Ischl und dem Café Zauner „Ischl" und „der Zauner". In bezug auf die Monarchie gibt es noch ein eigentümliches Beispiel hinzuzufügen: Wer vom „Kaiser" spricht, meint immer noch Franz Joseph – keinen Kaiser davor und schon gar nicht Österreichs letzten Monarchen Kaiser Karl I., der während der beiden letzten Jahre des Ersten Weltkrieges regierte.

Deutsche Fürsten in und um Gmunden: Eine Hochblüte der Villenarchitektur am Traunsee

Außer Ischl, dem gesellschaftlichen Zentrum des Salzkammerguts, erfreuten sich vor allem die kleinen, an den Seen gelegenen Orte großer Beliebtheit. Wer der kaiserlichen Familie eine Sommersaison nahe sein wollte – die Verwandten der Habsburger und die europäischen Regenten, ihre Gefolgsleute und in zunehmendem Maße auch der Geldadel –, ließ sich aber vorzugsweise in Ischl nieder. Wer alljährlich wiederkehrte, mietete oder erwarb eigene Häuser, von denen viele wegen der attraktiveren Erholungsmöglichkeiten an den Seen lagen. Am Wolfgangsee oder am Traunsee war man dem Treiben Ischls noch sehr nahe und genoß zudem alle Vorteile des Landlebens. Abgesehen von vielen anderen Vorteilen, scheint das Leben am Traunsee wesentlich billiger gewesen zu sein als in Ischl, wie

Zu den deutschen Fürsten, die am Traunsee ihre eigenen Villen errichteten, gehörte das letzte Königspaar von Hannover: Georg V. und Marie.

Ernst August, Herzog von Cumberland und Sohn König Georgs V. von Hannover, mit seiner Familie.

einem Führer um die Mitte des 19. Jahrhunderts zu entnehmen ist: „Gmunden lohnt nicht allein wegen seiner vielen schönen Aussichtspunkte, zu denen überall wohlgepflegte Wege führen, und den einladenden Seepartien eines kurzen Verweilens des Touristen, sondern ist auch zu längerem Aufenthalte denen zu empfehlen, welchen das Ischler Badeleben zu kostspielig ist." (Weidmann, S. 62)

Zu den zahlreichen Mitgliedern der deutschen Fürstenhäuser, die sich entlang des Traunsees ansiedelten, zählte die Familie König Georgs V. von Hannover, die während der Sommeraufenthalte die Villa Thun-Hohenstein in Gmunden bezog. Sein Sohn Ernst August, Herzog von Cumberland, wohnte anfangs in der ebenfalls auf der rechten Traunseite gelegenen Villa Clusemann. Als einer der treuesten

Zwei sensationelle Originalaufnahmen: die Einrichtung des Schlosses Cumberland zur Zeit, als es die Familie Hannover bewohnte (auf der oberen Aufnahme die mittlerweile verwitwete Königin von Hannover).

Die Königin von Hannover (l. sitzend), Großfürstin Sani (?) von Rußland (r. sitzend) und die Familie des Herzogs von Cumberland vor dem Schloß in Gmunden. Rechts außen: der Herzog von Cumberland, der Erbauer der Villa, die heute als Pensionistenheim geführt wird (s. Foto rechts).

und immer wiederkehrenden Gäste ließ er sich später auf einer Anhöhe über Gmunden eine schloßähnliche Villa – Schloß Cumberland (heute ein Altenheim) – erbauen.

Erzherzog Carl Ferdinand, ein Sohn Erzherzog Carls (des Siegers von Aspern), erwarb die Villa Fernstein in Orth. Gleich dem Herzog von Cumberland ließ auch er sich wenig später eine neue Villa errichten, die nach seiner Frau „Villa Elisabeth" (heute ein Mehrparteienwohnhaus) genannt wurde. Erzherzogin Elisabeth zählte zu den Gebirgspionieren der Familie Habsburg-Lothringen: Sie bestieg im Jahr 1852 als eine der ersten Frauen den Traunstein. Elisabeth war übrigens die Mutter der bereits früher erwähnten Königin Christine von Spanien.

Erzherzog Carl Ferdinand mit seiner Ehefrau Elisabeth und den gemeinsamen Kindern sowie rechts außen Erzherzogin Marie Therese (aus der ersten Ehe Elisabeths mit Erzherzog Ferdinand Este) und ihr Ehemann Prinz Ludwig von Bayern, der spätere König Ludwig III.

Weil Erzherzogin Elisabeth am Leben rund um den Traunsee großen Anteil nahm, erfreute sie sich in der Region allgemeiner Beliebtheit, weshalb die Gmundner im Jahr 1865 die Gelegenheit nutzten, ihr eine besondere Überraschung zu bereiten. Als die Erzherzogin anreiste, um die neuerrichtete „Villa Elisabeth" (oder „Rosenvilla") zu beziehen, empfing man sie mit einem eigens für sie erdachten Festprogramm: „Nachdem der Tag Hochihrer Ankunft (Erzherzogin Elisabeths) bekannt geworden war (beschloß man)… der durchlauchtigsten Frau einen feierlichen Empfang zu bereiten. Ein günstiges Ohngefähr fügte es, daß die an der Gmunden=Traunkirchner Straße in Angriff genommene Straßenumlage wenige Tage vorher ihrer Beendung zugeführt worden war, und somit dem Verkehre übergeben werden konnte, weßhalb allgemein der Wunsch rege wurde, daß die hohe Frau die Erste sein möchte, welche diese

Ein Freundschaftsbild, das die engen Beziehungen der Fürstenhäuser dokumentiert: Erzherzogin Marie Therese (l.), ihre früh verstorbene Cousine Mathilde (M.) und Prinzessin Mary von Hannover (r.), die Schwester des Herzogs von Cumberland.

Straßenstrecke befahre, und man sich daher beeilte, die dießfälligen Vorbereitungen auf eine der hohen Persönlichkeit würdige Weise zu treffen. Am Anfange dieser Strecke waren zwei Obeliske aufgestellt, geschmückt mit Fahnen in schwarz=gelb, roth=weiß und blau=weiß, und auf beiden Seiten der Straße bis zu deren Ende flaggte es in denselben Farben, in der Stadt selbst wehten von den Dachgiebeln herab und den Fenstern heraus unzählige Fahnen. Um halb 5 Uhr Nachmittags gaben drei Pöllerschüsse das Zeichen der Ankunft der durchlauchtigsten Frau, während sich schon vorher bei den beiden Obelisken die Repräsentanten der Gemeinde … versammelt hatten." (Zeitungsartikel vom 11. Juli 1865, zitiert in: Spitzbart, S. 81f.)

Erzherzogin Elisabeth war darüber gerührt und sollte sich einige Jahre später für den freundlichen Empfang revanchieren. 1875 ließ sie zwei Schwanenpaare von Laxenburg nach Gmunden bringen, die die Urahnen der bis heute dort ansäßigen Schwanenfamilie sind.

Die nach Erzherzogin Elisabeth benannte Villa am Traunsee.

Allerdings hatte sie sich das Unterfangen einfacher vorgestellt, als es letztendlich zu bewerkstelligen war. Die Tiere wurden aus Sicherheitsgründen in der Nähe der Villa Toskana in einem Zwinger gehalten, aus dem sie aber mit großer Regelmäßigkeit entkamen: „Diese Schwanenpaare entflohen sehr oft ihrem Zwinger und suchten die Weite des Traunsees, aber immer wieder wurden die Tiere, zwar mit großen Mühen verbunden, eingefangen und in den Zwinger zurückgebracht. Erst 1880 wird den Schwänen die Freiheit gegeben und sie wählen den Traunsee als ihre Heimat. Sie vermehren sich rasch; 1892 soll der Traunsee bereits von ungefähr 50 Schwänen besiedelt gewesen sein. Heute zählen die Schwäne zu einem der Wahrzeichen der Stadt Gmunden." (Spitzbart, S. 90)

Schräg oberhalb der Villa Elisabeth liegt zwischen Orth und Altmünster-Ebenzweier die Villa Maria Theresia. Herzog Philipp von Württemberg hatte sie errichten lassen und ihr ebenfalls den Namen seiner Frau gegeben, die eine geborene Erzherzogin von Österreich,

Ebenso baufreudig wie die Familie des Königs von Hannover: Herzog Philipp von Württemberg und seine Ehefrau Erzherzogin Maria Theresia, eine Nichte Erzherzogin Elisabeths.

Schloß Württemberg, in dem heute eine Schule untergebracht ist.

Ein seltener Schnappschuß: der mittlerweile 75jährige Herzog Philipp von Württemberg auf einem Spaziergang im Salzkammergut.

Tochter Erzherzog Albrechts und somit Enkelin des Napoleonbezwingers Erzherzog Carl, war. Das riesige, unregelmäßig angelegte Bauwerk, das den Stil der Zeit widerspiegelt, entstand zwischen 1873 und 1875. Der Preis für das Grundstück hatte 142.000 Gulden betragen, die Gesamtbaukosten verschlangen unvorstellbare 586.896,74 Gulden, worin noch nicht einmal die Honorarkosten des Architekten Heinrich Adam enthalten waren. Wegen der großzügigen Formen hatte das Gebäude den Namen „Villa Maria Theresia" bald verloren und ging als „Schloß Württemberg" (heute eine Schule) in den Sprachgebrauch ein. Auf die Baufreudigkeit Herzog Philipps ist übrigens auch ein berühmtes Wiener Ringstraßenge-

Links oben: Die Familie Herzog Philipps von Württemberg im Park ihres Gmundner Schlosses.
Links unten: Die Herzogin von Württemberg mit ihren drei Söhnen Albrecht (der später Erzherzogin Margarete ehelichte), Ulrich und Robert (er heiratete Erzherzogin Maria Immakulata Rainera) sowie der früh verstorbenen Tochter Marie (v.l.n.r.) in der Loggia des Schlosses.

bäude zurückzuführen. Das heutige, in den Obergeschossen stark veränderte „Hotel Imperial“ war ursprünglich die Wiener Stadtresidenz des Herzogs von Württemberg. Mit einer Schmalseite wendet sich dieses Gebäude – nicht zufällig – zum Schwarzenbergplatz. Der Seitenfront gegenüber befand sich das Stadtpalais Erzherzog Ludwig Victors, des jüngsten Bruders Kaiser Franz Josephs, mit dem man nicht nur etliche Male verwandt und verschwägert war, sondern der auch zu den intimsten Freunden des Herzogspaares von Württemberg zählte.

Unter den zahlreichen Habsburgern, die sich im Salzkammergut niederließen, befand sich auch die Familie des Großherzogs Leopold II. von Toskana, der 1859 wegen der großen politischen Veränderungen in Italien die Regentschaft niederlegen mußte. Die Familie siedelte sich danach am Bodensee an. Am Traunsee mietete Großherzog Leopold II. die Villa Ranzoni in Altmünster (Nachdemsee 14). Seine Witwe, Großherzogin Maria Antonia, ließ nach dem Tod ihres Mannes im Jahr 1870 die neben Schloß Orth etwas erhöht liegende Villa Toskana erbauen, die heute an ein Kongreßzentrum angeschlossen ist.

Erzherzog Karl Salvator, der zweite Sohn Großherzog Leopolds II., hatte während seiner ersten Aufenthalte im Salzkammergut die Villa Kra(c)ker in Altmünster 22 gemietet. Dort wurde im Jahr 1866 sein zweiter Sohn, Erzherzog Franz Salvator geboren, der 24 Jahre später in der Pfarrkirche von Ischl eine Cousine, die jüngste Tochter Kaiser Franz Josephs, Marie Valerie, heiraten sollte. Durch diese Eheschließung erhielt sich der Familienname Habsburg-Lothringen bei den direkten Nachkommen Kaiser Franz Josephs über die weibliche Linie.

Panoramaansicht von Gmunden mit dem im Traunsee liegenden Seeschloß Orth, in der Bildmitte das Landschloß Orth und rechts (verdeckt durch einen Baum) die Villa Toskana.

Erzherzog Karl Salvator, der Vater Franz Salvators, ging wie die Herzoge von Cumberland und Württemberg später unter die Bauherren. Er erwarb in Traunkirchen ein Grundstück und ließ in den frühen siebziger Jahren des 19. Jahrhunderts eine aus mehreren Gebäuden zusammengesetzte Anlage – die Villa Buchberg (heute ein Spital) – errichten, die über einen Meierhof, eine Gärtnerei, etliche Wirtschaftsgebäude und eine große Parkanlage verfügte.

Unter den zehn Geschwistern Erzherzog Karl Salvators hatte sein jüngster Bruder, Erzherzog Johann Salvator, die innigste Beziehung zur Landschaft rund um den Traunsee. Er kaufte die Herrschaft Orth – mit dazugehörigem Land- und Seeschloß –, die auf eine Gründung der Ritter von Orth im 10. Jahrhundert zurückgeht. Sie wurde dem Rittergeschlecht vom Markgrafen von Steyer später zum Lehen übergeben, dem sie als Ministeriale direkt unterstanden. Die Familie entwickelte sich zu einem mächtigen Geschlecht, aus dem zahlreiche Kanzler und Marschälle der steirischen und österreichischen Landesfürsten hervorgingen. Ende des 13. Jahrhunderts starb die Dynastie aus, und die Herrschaft fiel an die Herzoge von Österreich. Sie wurde nochmals als Lehen vergeben und erst 1689 kaiserliches Eigentum.

Nach etlichen Besitzerwechseln erwarb Erzherzog Johann Salvator die Herrschaft im späten 19. Jahrhundert und ließ einen Großteil der historischen Bauteile wieder in den Originalzustand versetzen. Wesentlich weniger verdienstvoll verhielt er sich als Mitglied der kaiserlichen Familie. Wegen zahlreicher Affären privater und beruflicher Natur mußte er später sogar aus dem Familienverband austreten und auf alle Titel und Privilegien, die ihm als Erzherzog zustanden, verzichten. Er nahm – in Anlehnung an die Herrschaft, die er besaß – den Namen Johann Orth an, als der er in die Chronique scandaleuse seiner Familie einging.

Ebenfalls am Traunsee liegt in Altmünster Schloß Ebenzweier, das Erzherzog Maximilian Joseph Este, einem Enkel Kaiserin Maria Theresias, gehörte. Später ging es in den Besitz seiner Nichte Maria Theresia, der ältesten Tochter Herzog Franz IV. von Modena, über. Sie war die Ehefrau eines Enkels König Karls X. von Frankreich, der den Titel eines Herzogs von Bordeaux und eines Grafen von Chambord trug. Legitimisten galt er – als Heinrich V. – als rechtmäßiger französischer König. Da die Nachkommen des jüngeren Sohnes von König Ludwig XIII. den Thron für sich in Anspruch genommen hatten, konnte er die Regentschaft aber niemals antreten. Graf Heinrich von Chambord lebte als Exilant in Österreich, wo er unter anderem auch Schloß Frohsdorf in der Nähe Wiens bewohnte.

Schloß Ebenzweier ist seit dem 12. Jahrhundert belegt. Dreihundert Jahre lang war es im Besitz des Geschlechtes der Edlen von Schachner. Nach etlichen Besitzerwechseln gehörte es zu Beginn des 19. Jarhunderts einer Familie Klody, der es Erzherzog Maximilian im Jahr 1831 abkaufte. Das auf einer leichten Anhöhe mit Front gegen den See gelegene Schloß wurde von ihm großzügig erweitert und erneuert und bildet bis heute den architektonischen Mittelpunkt von Altmünster.

Selbstverständlich gab es auch am Traunsee etliche elegante Hotels, die aber kleiner als die in Ischl waren und über eine geringere Bettenkapazität verfügten. Zu den vornehmsten zählten das „Bellevue“, das „Austria“ und das Esplanadenhotel „Zur Krone“ in Gmunden. Die bedeutendste Rolle unter allen Herbergen kam dem Hotel „Zum Goldenen Schiff“ zu, das sich gegenüber der Anlegestelle am Traunsee befand. Da die meisten nach Ischl Reisenden Gmunden am Abend erreichten, stiegen sie dort für eine Nacht ab, um sich am nächsten Tag zur Fahrt nach Ebensee einschiffen zu lassen. Diesen Halt machten, wie schon erwähnt, auch die Mitglieder der kaiserlichen Familie und der anderen europäischen Dynastien, weshalb sich die Eintragungen im hoteleigenen Gästebuch wie Auszüge aus dem Gothaischen Hofkalender lesen: Marie Louise, Herzogin von Parma,

Blumenkorso auf dem Traunsee: In der Bildmitte (unter dem weißen Sonnenschirm) die Töchter Kaiser Franz Josephs, Gisela (links mit dem Rücken zum Betrachter) und Marie Valerie.

Tochter Kaiser Franz II./I. und Witwe Napoleons I., nächtigte dort mit ihrem Sohn, dem Herzog von Reichstadt, ebenso wie die Erzherzoge Maximilian Joseph Este, der Hoch- und Deutschmeister, Rudolf, Fürsterzbischof von Olmütz, dessen Bruder Carl, der Sieger von Aspern, Carls Söhne Albrecht, Karl Ferdinand und Wilhelm und sein Neffe Stephan, Palatin von Ungarn. Unter den weiteren Habsburgern befanden sich Erzherzog Rainer, der Vizekönig von Lombardo-Venetien, und selbstverständlich Erzherzog Franz Carl, seine Ehefrau Sophie sowie alle ihre Kinder und die meisten ihrer Enkel.

Von einem dieser Aufenthalte in Gmunden ist ein zeitgenössischer Zeitungsbericht erhalten, der die Schiffsreise Erzherzogin Sophies mit einem ihrer Söhne zum Inhalt hat. Sie war auf dem nach ihr benannten Dampfschiff unterwegs. Es herrschte übelstes Wetter, was die Gmundner bedauerten und mit Festdekorationen wettzumachen versuchten: „Das Innere des Dampfers ‚Sophie' ist mit den Porträts der kaiserlichen Hoheiten und der übrigen Mitglieder des kaiserlichen Hauses sowie mit den ausgewähltesten Blumen geschmückt, um den hohen Herrschaften trotz ungünstiger Witterung die Überfahrt nach Ebensee so angenehm als möglich zu gestalten." (von der Schiffsreise am 23. August 1855, zit. in: Spitzbart, S. 79)

Übrigens wurde die Dampfschiffflotte des Traunsees im Jahr 1871 um ein neues, wesentlich größeres Schiff erweitert. Die beiden lange Jahre diensttuenden Dampfschiffe „Sophie" und „Elisabeth" erhielten ein Schwesternschiff. Es hieß nach der ältesten überlebenden Tochter Kaiser Franz Josephs „Gisela" und wurde im Sommer desselben Jahres in Ebensee vom Stapel gelassen. Zwei Jahre nach der Schiffstaufe heiratete Erzherzogin Gisela Prinz Leopold, den Sohn des bayerischen Prinzregenten Luitpold. Da auch sie das Salzkammergut liebte, erwarb sie als verheiratete Frau in Ischl eine Villa am Gries, die sie mit ihrer ständig wachsenden Familie bewohnte. Gisela, die gemeinsam mit ihrem um zwei Jahre jüngeren Bruder, Kronprinz Rudolf, von Baronin Leopoldine Welden aufgezogen wurde, hatte im Gegensatz zu ihrer jüngeren Schwester Marie Valerie zeit ihres Lebens auf Mutterliebe verzichten müssen. Um so inniger schloß sie sich ihrem Vater und ihrem Bruder an, für die sie im-

Erzherzogin Gisela und ihr Ehemann Prinz Leopold von Bayern.

mer eine wichtige Kontaktperson darstellte. Auch als Erwachsene besuchte sie oftmals ihre und ihres Bruders Aja, Baronin Welden, die während der Sommermonate die Villa Belcredi in Gmunden bewohnte und die ihr mehr Mutter war als Kaiserin Elisabeth.

In der Folge der tragischen Ereignisse, die die kaiserliche Familie in den nächsten Jahren heimsuchten, sollte das Salzkammergut noch zweimal eine bedeutende Rolle spielen. Beide stehen im Zusammenhang mit der Person Kaiser Franz Josephs: In Ischl hatte er seine Ehefrau Elisabeth kennen- und liebengelernt, in Ischl hatte er sie – vor ihrer verhängnisvollen Reise in die Schweiz – auch zum letzten Mal lebend gesehen. Als sie nach einem vierzehntägigen Aufenthalt die Kaiservilla verließ, verfiel der Kaiser in eine tiefe Depression und schickte ihr kurz nach ihrer Abfahrt im Juli 1898 einen seiner typischen Liebesbriefe nach: „… Du gehst mir hier unendlich ab, meine Gedanken sind bei Dir, und mit Schmerz denke ich an die so

Die in Ischl am Gries gelegene Villa Erzherzogin Giselas (aufgenommen von Herzog Philipp von Württemberg).

unendlich lange Zeit der Trennung; besonders wehmütig stimmen mich Deine ausgeräumten, leeren Zimmer." (Brief aus Ischl vom 17. Juli 1898) Die Zimmer sollten nie wieder bewohnt werden, denn Kaiserin Elisabeth starb am 10. September 1898, zwei Monate nachdem sie den Kaiser in Ischl verlassen hatte.

Die letzte – Ischl und die Habsburger – betreffende Geschichte ereignete sich im Sommer des Jahres 1914. Sie handelt von den Ereignissen nach dem Attentat auf den Thronfolger Franz Ferdinand. Wie schon an anderer Stelle erwähnt wurde, war in Ischl das Geschichte gewordene Manifest Kaiser Franz Josephs entstanden, das Österreich in der Folge in den Ersten Weltkrieg führte. Im Zusammenhang mit dem Erzherzog-Thronfolger Franz Ferdinand ist von einem noch „jungen" Bezug zum Salzkammergut zu berichten. Mit inbegriffen ist die Unternehmensgeschichte der Gmundner Keramik,

Kaiser Franz Joseph anläßlich eines seiner letzten Aufenthalte in Ischl: Ausfahrt von der Kaiservilla zur Pirsch.

die bis in das 16. Jahrhundert zurückreicht. Um die Mitte des 19. Jahrhunderts kam die Hafnerei in den Besitz von Franz Schleiß, dessen Familie den Betrieb bis 1923 leitete. Dann folgen Jahre wechselnder Inhaber, was sich erst wieder ab den sechziger Jahren änderte. 1968 erwarb Fürst Johannes Hohenberg, ein Enkel des 1914 in Sarajewo ermordeten Erzherzogs Franz Ferdinand, das Unternehmen, das bis heute von seiner Familie geführt wird. Ein Detail am Rande: Als Künstler verpflichtete man 1969 unter anderem Prinz Franz Joseph Altenburg, einen Urenkel Kaiser Franz Josephs.

Zurück in das Jahr 1914, als der Thronfolger und seine Gemahlin, Herzogin Sophie von Hohenberg, ermordet wurden. Durch den Tod dieses Habsburgers rückte in der Familienrangordnung ein junger, bescheidener, bis dahin wenig bekannter Mann ganz nach vorne: Erzherzog Karl, ein Großneffe Kaiser Franz Josephs und neuer

Erzherzog Karl im Sommer 1914 kurz nach dem Attentat auf den Erzherzog-Thronfolger Franz Ferdinand (in einem Zimmer des Hotels Elisabeth in Ischl).

Thronprätendent Österreich-Ungarns. Als solcher führte ihn seine erste offizielle Reise nach Ischl, um die Weisungen des Familienchefs und Obersten Kriegsherren entgegenzunehmen. Seine Ehefrau, Erzherzogin Zita, wartete inzwischen in der Villa in Reichenau an der Rax auf Nachricht von ihm. Mit einem symbolhaften Schreiben Erzherzog Karls aus Ischl, das am Anfang vom Ende der beinahe achthundertjährigen Herrschaftsgeschichte der Habsburger in Österreich steht, soll dieses Buch schließen. Denn mit dem Ausbruch des Ersten Weltkriegs und dem Zusammenbruch der österreichisch-ungarischen Monarchie verlor auch das Salzkammergut den Glanz der früheren Tage: „In Ergänzung des telephonischen Gesprächs teile ich Dir (Erzherzogin Zita) noch folgendes mit: Ich bleibe hier in Ischl, da die politische Constellation gerade keine glänzende ist, und damit ich alle militärischen Maßnahmen, die von Ischl aus befohlen

Der neue Thronfolger Karl, späterer letzter Kaiser von Österreich, auf dem Weg vom Hotel Elisabeth zu seinem Großonkel Kaiser Franz Joseph.

werden, kennenlerne. S. M. (Seine Majestät) befahl: Du bleibst hier, bis ich wegfahre, hierauf bat ich, Dich hernehmen zu dürfen. S. M. aber meinte, daß es besser wäre nicht, – jetzige Reisen von Mitgliedern des Kaiserhauses sind dem Kaiser nicht angenehm, da überall kolossale Sicherheitsmaßnahmen getroffen werden. Rußland scheint zu mobilisieren… Ich freue mich so, Dich wiederzusehen (gesperrt), liebe Dich so sehr. Verzeihe schlechte Schrift, aber ich muß gleich wieder zum Telephon. Umarmung. Alles Liebe den Kindern… Carličku." (Brief aus Ischl vom 28. Juli 1914, zitiert in: Feigl, S. 54f.)

Kurzbiographien

AMALIE (1801–1877), Königin von Sachsen, Tochter König Maximilians I. von Bayern, Schwester Erzherzogin Sophies und eineiige Zwillingsschwester Königin Elisabeths von Preußen, verheiratet mit König Johann I. von Sachsen (1801–1873).

AMALIE (1805–1853), Prinzessin von Schweden aus dem Geschlecht der Wasa, Tochter König Gustavs IV. und der Markgräfin Friederike von Baden, unverheiratet gebliebene Cousine und beste Freundin Erzherzogin Sophies.

Alfred Ritter von ARNETH (1819–nach 1890), Archivar und Bibliothekar im österreichischen Außenministerium sowie historischer Schriftsteller, Sohn des aus einer Brauereifamilie stammenden Joseph Arneth und der Schauspielerin Marie Anna Adamberger.

CARL (1795–1875), Prinz von Bayern, Sohn König Maximilians I. von Bayern, Halbbruder Erzherzogin Sophies, verheiratet 1. mit Sophie Petin (1796–1838), spätere Baronin von Bayrstorff, 2. mit Henriette Schöller (1815–1875), spätere Frau von Frankenburg.

CAROL I. (1839–1914), König von Rumänien, Sohn des Fürsten Karl Anton von Hohenzollern, verheiratet mit Prinzessin Elisabeth von Wied (1843–1916), die unter dem Pseudonym Carmen Silva Bücher verfaßte und herausgab.

Heinrich Graf von CHAMBORD (1820–1883), nomineller König Heinrich V. von Frankreich, Herzog von Bordeaux, Sohn Ferdinands, Herzog von Berry, und Enkel des französischen Königs Karl X., verheiratet mit Erzherzogin Therese aus der Linie der Herzoge von Modena. Wie sein Onkel, Herzog Ludwig von Angoulême, rechtmäßiger Erbe des französischen Throns. Durch politische Machenschaften hatte sich aber ein weitschichtig Verwandter (ein

Großonkel vierten Grades, Nachkomme des jüngeren Bruders von König Ludwig XIV.), Louis Philippe, aus der Linie der Herzoge von Orléans, zum Bürgerkönig wählen lassen, wodurch die beiden ersten Anwärter von der Thronfolge ausgeschlossen wurden.

CHULALONGKORN (Regierungszeit 1868–1910), König von Siam, fortschrittlicher Regent, der in seinem Land alle Bereiche des staatlichen und öffentlichen Lebens modernisierte; er schaffte die Sklaverei ab und führte ein nach westlichem Muster organisiertes Schul-, Steuer- und Justizwesen ein.

DEMEL, k.k. Zuckerbäcker in Wien.

ELISABETH (*Elise,* 1801–1873), Königin von Preußen, Tochter König Maximilians I. von Bayern, Schwester Erzherzogin Sophies und eineiige Zwillingsschwester Königin Amalies von Sachsen, verheiratet mit König Friedrich Wilhelm IV. von Preußen (1795–1861).

ELISABETH (1843–1916), Königin von Rumänien, Tochter des Fürsten Hermann zu Wied, verheiratet mit König Carol I. von Rumänien aus dem Hause Hohenzollern. Als Schriftstellerin unter dem Pseudonym Carmen Silva tätig.

Dr. ELTZ, Wiener Arzt, Vorbesitzer der Kaiservilla in Ischl.

EUGENIE (1826–1920), Kaiserin der Franzosen, Tochter des Grafen Manuel Montijo, Herzogs von Penerenda, verheiratet mit Kaiser Napoleon III.

FERDINAND I. (1861–1948), Fürst, später König und Zar von Bulgarien aus dem Hause Sachsen-Coburg-Gotha, Sohn Prinz Augusts von Sachsen-Coburg-Gotha, verheiratet 1. mit Prinzessin Marie Luise von Bourbon-Parma (1870–1899), einer Halbschwester der Kaiserin Zita, 2. mit Prinzessin Eleonore von Reuss (1860–1917).

FRANZ II. (1836–1894), König von Sizilien aus dem Hause Bourbon, Sohn König Ferdinands I. von Sizilien, verheiratet mit Prinzessin Marie von Bayern aus der Linie der Herzoge in Bayern.

GERSTNER, k.k. Zuckerbäcker in Wien.

Gräfin GUMPENBERG, Tochter Prinz Carls von Bayern aus dessen erster Ehe mit Sophie Petin. Da sie einer – vermutlich – nicht anerkannten Verbindung entsprang, fehlen ihre Daten in den Gothaischen Hofkalendern ebenso wie in den Stammtafeln des Prinzen Karl von Isenburg.

HABSBURGER

als deutsche Könige, römisch-deutsche Kaiser und Kaiser von Österreich, Könige von Ungarn, Großherzoge von Toskana, Palatine von Ungarn, Herzoge von Modena und Erzherzoge von Österreich:

ALBRECHT I. (1248–1308 ermordet), Herzog von Österreich, deutscher König.

CARL (1771–1847), Erzherzog von Österreich, Hoch- und Deutschmeister, Herzog von Teschen (als Erbe Herzog Albrechts von Sachsen-Teschen, des Ehemanns seiner Tante Erzherzogin Marie Christine), *Sieger von Aspern* – historischer erster Bezwinger Kaiser Napoleons I., verheiratet mit Prinzessin Henriette von Nassau-Weilburg.

CAROLINE AUGUSTE (*Charlotte,* 1792–1873), Kaiserin von Österreich, Tochter König Maximilians I. von Bayern, Halbschwester Erzherzogin Sophies und gleichzeitig – durch ihre zweite Ehe mit Kaiser Franz II./I. – auch deren Schwiegermutter.

CARL FERDINAND (1818–1874), Erzherzog von Österreich, Sohn

Erzherzog Carls, verheiratet mit Erzherzogin Elisabeth, Tochter Erzherzog Josephs, des Palatins von Ungarn, einer Cousine ersten Grades.

CARL LUDWIG (1833–1896), Erzherzog von Österreich, Sohn Erzherzog Franz Carls und der Prinzessin Sophie von Bayern, Bruder Kaiser Franz Josephs I., verheiratet 1. mit Prinzessin Margarethe von Sachsen (1840–1858), 2. mit Prinzessin Maria Annunziata von Bourbon-Sizilien (1843–1871) und 3. mit Prinzessin Maria Theresia von Portugal (1855–1944).

CHRISTINE (1858–1929), Erzherzogin von Österreich, Königin von Spanien, Tochter Erzherzog Carl Ferdinands und der Erzherzogin Elisabeth, verheiratet mit König Alfons XII. von Spanien (1857–1885).

ELISABETH (*Sisi,* 1837–1898), Kaiserin von Österreich, Tochter Herzog Maximilians in Bayern, verheiratet mit Kaiser Franz Joseph I.

ELISABETH (1831–1903), Erzherzogin von Österreich, Tochter Erzherzog Josefs, des Palatins von Ungarn, verheiratet 1. mit Erzherzog Ferdinand aus der Linie der Herzoge von Modena (1821–1849) und 2. mit Erzherzog Carl Ferdinand.

FERDINAND I. (1793–1875), Kaiser von Österreich, König von Ungarn, letzter gekrönter König von Böhmen, dankt 1848 zugunsten seines Neffen Erzherzog Franz Joseph ab, Sohn Kaiser Franz II./I., verheiratet mit Prinzessin Maria Anna von Sardinien (1803–1884).

FERDINAND MAXIMILIAN (1832–1867), Erzherzog von Österreich, Kaiser von Mexiko, Sohn Erzherzog Franz Carls und der Prinzessin Sophie von Bayern, Bruder Kaiser Franz Josephs I., verheiratet mit Prinzessin Charlotte von Belgien (1840–1927).

FRANZ II./I. (1768–1835), als Franz II. römisch-deutscher Kaiser, als Franz I. Kaiser von Österreich, König von Ungarn, König von Böhmen, Sohn des römisch-deutschen Kaisers Leopold II. (1747–1792), verheiratet 1. mit Prinzessin Elisabeth Wilhelmine von Württemberg (1767–1790), 2. mit Prinzessin Marie Therese von Bourbon-Sizilien (1772–1807), 3. mit Erzherzogin Maria Ludovika aus der Linie der Herzoge von Modena (1787–1816) und 4. mit Prinzessin Caroline Auguste von Bayern.

FRANZ CARL (1802–1878), Erzherzog von Österreich, Sohn Kaiser Franz II./I. und Vater Kaiser Franz Josephs, verheiratet mit Prinzessin Sophie von Bayern.

FRANZ JOSEPH I. (1830–1916), Kaiser von Österreich, König von Ungarn und Böhmen, Sohn Erzherzog Franz Carls und der Prinzessin Sophie von Bayern, verheiratet mit Prinzessin Elisabeth von Bayern aus der Linie der Herzoge in Bayern.

FRANZ FERDINAND (1863–1914 ermordet), Erzherzog-Thronfolger von Österreich-Ungarn, Sohn Erzherzog Carl Ludwigs aus dessen zweiter Ehe mit Prinzessin Maria Annunziata von Bourbon-Sizilien, in unstandesgemäßer Ehe verheiratet mit Gräfin Sophie Chotek, späterer Herzogin von Hohenberg.

FRANZ SALVATOR (1866–1939), Erzherzog von Österreich aus der Linie der Großherzoge von Toskana, Sohn Erzherzog Karl Salvators, verheiratet in erster Ehe mit seiner Cousine dritten Grades, Erzherzogin Marie Valerie, der jüngsten Tochter Kaiser Franz Josephs, in zweiter Ehe mit Melanie, Freiin von Risenfels (1898–1984).

GISELA (1856–1932), Erzherzogin von Österreich, älteste erwachsen gewordene Tochter Kaiser Franz Josephs, verheiratet mit Prinz Leopold von Bayern, dem Sohn des Prinzregenten Luitpold.

JOHANN SALVATOR (1852–1890 verschollen), Erzherzog von Österreich aus der Linie der Großherzoge von Toskana, später Johann Orth, Sohn Großherzog Leopolds II. von Toskana, heiratet 1889 die Ballettänzerin Milli Stubel.

JOSEF II. (1741–1790), römisch-deutscher Kaiser, König von Ungarn, König von Böhmen, Sohn Herzog Franz Stephans von Lothringen, des späteren römisch-deutschen Kaisers Franz I., verheiratet 1. mit Prinzessin Isabella von Bourbon-Parma (1741–1763), 2. mit Prinzessin Maria Josefa von Bayern (1739–1767).

JOSEPH (1776–1847), Erzherzog von Österreich, Palatin von Ungarn, Sohn des römisch-deutschen Kaisers Leopold II. (1747–1792), verheiratet 1. mit Großfürstin Alexandra von Rußland (1783–1801), 2. mit Prinzessin Hermine von Anhalt-Bernburg-Hoym (1797–1817), 3. mit Prinzessin Marie von Württemberg (1797–1855).

KARL I. (1887–1922), letzter Kaiser von Österreich, König von Ungarn und Böhmen, Sohn Erzherzog Ottos (1865–1906) und der Prinzessin Maria Josefa von Sachsen (1867–1944), verheiratet mit Prinzessin Zita von Bourbon-Parma.

KARL SALVATOR (1839–1892), Erzherzog von Österreich aus der Linie der Großherzoge von Toskana, Sohn Großherzog Leopolds II. von Toskana, verheiratet mit Prinzessin Maria Immakulata von Bourbon-Sizilien (1844–1899).

LEOPOLD II. (1797–1870), Großherzog von Toskana, Sohn Großherzog Ferdinands III. von Toskana aus dessen erster Ehe mit Prinzessin Marie Luise von Bourbon-Sizilien, verheiratet 1. mit Prinzessin Maria Anna von Sachsen (1836–1859), 2. mit Prinzessin Maria Antonia von Bourbon-Sizilien.

LEOPOLDINE (1797–1826), Kaiserin von Brasilien, Tochter Kaiser Franz II./I., verheiratet mit Kaiser Pedro I. von Brasilien (1798–1834).

LUDWIG (*Onkel Ludwig,* 1784–1864), Erzherzog von Österreich, Sohn des römisch-deutschen Kaisers Leopolds II. (1747–1792), unverheiratet gebliebener zweitjüngster Bruder Kaiser Franz II./I., der ihn mit der Weiterführung seines geistigen Gedankengutes betraute, eine wichtige Bezugsperson Erzherzogin Sophies und ihrer Söhne, als der er in der Familie eine bedeutende Rolle spielte.

LUDWIG VICTOR (*Bubi,* 1842–1919), Erzherzog von Österreich, Sohn Erzherzog Franz Carls und der Prinzessin Sophie von Bayern, jüngster Bruder Kaiser Franz Josephs, eine der schillerndsten Figuren der kaiserlichen Familie, Bauherr des nach ihm benannten Palais am Schwarzenbergplatz in Wien, Besitzer des Schlosses Klesheim bei Salzburg.

MARIE ANNA (1835–1840), Erzherzogin von Österreich, einzige, frühverstorbene Tochter Erzherzog Franz Carls und der Prinzessin Sophie von Bayern, Schwester des späteren Kaisers Franz Joseph.

MARIA ANTONIA (1814–1898), Großherzogin von Toskana, Tochter König Franz I. von Sizilien aus dem Hause Bourbon, verheiratet mit Großherzog Leopold II. von Toskana.

MARIA THERESIA (1717–1780), römisch-deutsche Kaiserin, Königin von Ungarn und Böhmen, älteste Tochter Kaiser Karls VI., verheiratet mit Franz Stephan (1708–1765), Herzog von Lothringen und Bar, später Großherzog von Toskana und (römisch-deutscher) Kaiser (als Franz I.), Stammutter aller nachfolgenden Habsburger.

MARIA THERESIA (1845–1927), Erzherzogin von Österreich, Tochter Erzherzog Albrechts, verheiratet mit Herzog Philipp von Württemberg.

MARIE LOUISE (1791–1847), Erzherzogin von Österreich, Kaiserin der Franzosen, Herzogin von Parma, Piacenza und Guastalla, älteste Tochter Kaiser Franz II./I., verheiratet 1. mit Napoleon I., Kaiser der Franzosen (1769–1821), 2. mit Adam Albrecht Graf Neipperg (1775–1829), 3. mit Charles Graf Bombelles (1785–1867).

MARIE VALERIE (1868–1924), Erzherzogin von Österreich, jüngste Tochter Kaiser Franz Josephs, verheiratet mit ihrem Vetter Erzherzog Franz Salvator aus der Linie der Großherzoge von Toskana.

MAXIMILIAN JOSEPH ESTE (1782–1863), Erzherzog von Österreich aus der Linie der Herzoge von Modena, Hochmeister des Deutschen Ordens, unverheiratet gebliebener Sohn Herzog Ferdinands von Modena aus dem Hause Habsburg-Lothringen.

RAINER (1783–1853), Erzherzog von Österreich, Vizekönig von Lombardo-Venetien, Sohn des römisch-deutschen Kaisers Leopold II., verheiratet mit Prinzessin Elisabeth von Savoyen-Carignan (1800–1856).

RUDOLF (1788–1831), Erzherzog von Österreich, Kardinal und Fürsterzbischof von Olmütz, jüngster Sohn des römisch-deutschen Kaisers Leopold II., Bruder Kaiser Franz II./I.

RUDOLF (1858–1889 Selbstmord), Kronprinz von Österreich-Ungarn, einziger Sohn Kaiser Franz Josephs, verheiratet mit Prinzessin Stephanie von Belgien (1864–1945).

SOPHIE (1805–1872), Erzherzogin von Österreich, Tochter König Maximilians I. von Bayern und dessen zweiter Ehefrau Markgräfin Karoline von Baden, eineiige Zwillingsschwester Königin Maries von Sachsen und Mutter Kaiser Franz Josephs, verheiratet mit Erzherzog Franz Carl.

ZITA (1892–1989), Kaiserin von Österreich, Tochter Herzog

Roberts III. von Parma aus dem Hause Bourbon, verheiratet mit Kaiser Karl I.

HANNOVER

Könige von Hannover, Herzog von Cumberland und Könige von England aus dem Hause Braunschweig:

GEORG V. (1819–1878), König von Hannover (bis 1866), Sohn König Ernst Augusts II. von Hannover und Enkel König Georgs III. von England, Vetter Königin Victorias von England, verheiratet mit Prinzessin Marie von Sachsen-Altenburg (1818–1907).

ERNST AUGUST (1845–1923), Herzog von Cumberland, Sohn König Georgs V. von Hannover, verheiratet mit Prinzessin Thyra von Dänemark (1853–1933). Durch seine Ehe war Ernst August auch ein Schwager König Eduards VII. von England, der mit einer Schwester seiner Frau verheiratet war.

VICTORIA (1819–1901), letzte Königin von England aus dem Hause Hannover, Tochter Herzog Eduards von Kent und Enkelin König Georgs III. von England, verheiratet mit Herzog Albert von Sachsen-Coburg-Gotha (1819–1861).

EDUARD VII. (1841–1910), König von England aus dem Hause Sachsen-Coburg-Gotha, Sohn Königin Victorias, Neffe zweiten Grades König Georgs V. von Hannover, verheiratet mit Prinzessin Alexandra von Dänemark (1844–1925).

HELENE (*Néné*, 1834–1890), Erbprinzessin von Thurn und Taxis, Tochter Herzog Max in Bayern, Schwester der Kaiserin Elisabeth, verheiratet mit Erbprinz Maximilian von Thurn und Taxis (1831–1867).

KARL X. (1757–1836), König von Frankreich, Sohn des Dauphin Ludwig von Frankreich aus dessen zweiter Ehe mit Prinzessin Josefa von Sachsen, Bruder König Ludwigs XVI. und damit auch Schwager Erzherzogin Marie Antoinettes, verheiratet mit Prinzessin Marie Therese von Sardinien (1756–1805).

LEOPOLD (1846–1930), Prinz von Bayern, Sohn des bayrischen Prinzregenten Luitpold, verheiratet mit Erzherzogin Gisela, der ältesten überlebenden Tochter Kaiser Franz Josephs.

LUDOVIKA (1808–1892), Herzogin in Bayern, Tochter König Maximilians I. von Bayern, Schwester Erzherzogin Sophies, Mutter der Kaiserin Elisabeth, verheiratet mit Herzog Max in Bayern (1808–1888).

LUDWIG XIII. (1601–1643), König von Frankreich, Sohn König Heinrichs IV., verheiratet mit der Infantin Anna von Spanien (1601–1666). Stammvater aller nachfolgenden Könige der Linien Bourbon und Bourbon-Orléans.

LUITPOLD (1821–1912), Prinzregent von Bayern, der für seine beiden geisteskranken Neffen, die Könige Ludwig II. und Otto I. von Bayern, regierte, Sohn König Ludwigs I. von Bayern, verheiratet mit Erzherzogin Auguste aus der Linie der Großherzoge von Toskana (1825–1864).

MARIE (1805–1877), Königin von Sachsen, Tochter König Maximilians I. von Bayern und eineiige Zwillingsschwester Erzherzogin Sophies, verheiratet mit König Friedrich August II. von Sachsen (1801–1873).

MARIE (1841–1925), Königin von Sizilien, Tochter von Herzog Max in Bayern, Schwester der Kaiserin Elisabeth, verheiratet mit König Franz II. von Sizilien aus dem Hause Bourbon.

MARIE LUISE (1870–1899), Fürstin von Bulgarien, Tochter Herzog Roberts III. von Parma aus dem Hause Bourbon, Halbschwester der Kaiserin Zita, verheiratet mit Fürst Ferdinand von Bulgarien.

Fürst Clemens Lothar Wenzel von METTERNICH-WINNEBURG (1773–1859), österreichischer Diplomat, Außenminister und Staatskanzler, Sohn des Fürsten Franz Georg Karl von Metternich-Winneburg, verheiratet 1. mit Prinzessin Eleonore von Kaunitz, 2. mit Gräfin Antonie Beilstein und 3. mit Gräfin Melanie Zichy-Ferraris.

NAPOLEON I. (1769–1821), Kaiser der Franzosen, Sohn Karl Buonapartes, verheiratet 1. mit Joséphine, Herzogin von Tascher de la Pagérie (1763–1814), 2. mit Erzherzogin Marie Louise.

(nomineller) NAPOLEON II. Franz (1811–1832), nach seiner Geburt Titularkönig von Rom, später Herzog von Reichstadt, einziger Sohn Kaiser Napoleons I. und der Erzherzogin Marie Louise. Wurde nach der Exilierung seines Vaters an den österreichischen Kaiserhof gebracht, wo man ihn – aus Haß und Angst vor seinem Vater – Franz rief.

NAPOLEON III. (1808–1873), Kaiser der Franzosen, Sohn Ludwig Buonapartes, des Königs von Holland, eines Bruders von Napoleon I., und der Vicomtesse Hortense de Beauharnais, der Tochter von Napoleons erster Frau Joséphine aus deren erster Ehe mit Alexandre Vicomte de Beauharnais, verheiratet mit Eugénie, der Tochter des Grafen von Montijo.

PEDRO II. (1825–1891), Kaiser von Brasilien aus dem Hause Braganza, Sohn Kaiser Pedros I. aus dessen erster Ehe mit Erzherzogin

Leopoldine, verheiratet mit Prinzessin Therese von Bourbon-Sizilien (1822–1889).

Sophie PETIN (1796–1838), 1823 zur Baronin von Bayrstorff ernannt, erste Ehefrau Prinz Carls von Bayern.

Katharina SCHRATT (1853–1940), Schauspielerin am Wiener Burgtheater (ab 1883), Tochter des Badener Bäckermeisters Anton Schratt, verheiratet mit Baron Nikolaus Kiss von Ittebe, Geliebte Alexander Girardis, Hans Graf Wilczeks und Fürst Ferdinands von Bulgarien, Gesellschafterin und Seelenfreundin Kaiser Franz Josephs.

SEEAUER, eine berühmte Salzsiederdynastie, die in Ischl mehrere Hotels betrieb. Der Besitzer des Hauses an der Esplanade, Wilhelm Seeauer, war zur Zeit der Verlobung Kaiser Franz Josephs auch Bürgermeister von Ischl.

SOPHIE (vermutlich Sophie Frappart), Mädchen im Dienst der Erzherzogin Sophie.

David Robert SPRÜNGLI, Inhaber der gleichnamigen Confiserie und Patisserie in Zürich.

Francesco TALACCHINI, Planer der Brücke von Mestre nach Venedig sowie der Semmeringstraße, Erbauer des nach ihm benannten Ischler Hotels Talacchini (später Hotel Elisabeth).

Baronin Marie VECSEY, Hofdame Erzherzogin Sophies, die mit der Erziehung des jüngsten Sohnes, Ludwig Victor, betraut war.

Baronin Charlotte von WELDEN (Witwe – seit 1853 – nach Feldzeugmeister Franz Ludwig Freiherrn von Welden), Aja der drei ältesten Kinder Kaiser Franz Josephs, Sophie (1855–1857), Gisela und Rudolf.

WILHELM I. (1797–1888), König von Preußen und später deutscher Kaiser, Sohn König Friedrich Wilhelms III. von Preußen, verheiratet mit Prinzessin Auguste von Sachsen-Weimar (1811–1890).

Dr. Franz de Paula WIRER (1771–1844), Ritter von Rettenbach, Wiener Arzt, der früh die Heilkräfte von Solelösungen erkannte und im Jahr 1822 die ersten Kurgäste nach Ischl brachte.

HAUS WÜRTTEMBERG

Linie der Herzoge von Württemberg:

PHILIPP (1838–1917), Herzog von Württemberg, Sohn Herzog Alexanders von Württemberg, verheiratet mit Erzherzogin Maria Theresia.

Die Familie der Herzoge von Württemberg zählt zu einer der wenigen europäischen Dynastien, mit denen die Habsburger bevorzugt Verbindungen eingingen, da sie die beiden wichtigsten Paragraphen ihres Hausgesetzes erfüllte: sie entstammte einer regierenden Dynastie und war katholisch.

In den Generationen nach Herzog Philipp von Württemberg kam es zu etlichen Hochzeiten mit Mitgliedern der österreichischen Kaiserfamilie: Zwei seiner Söhne, ALBRECHT und ROBERT, heirateten die Erzherzoginnen Margarete, Tochter Erzherzog Carl Ludwigs aus dessen zweiter Ehe, und Maria Immakulata Rainera, Tochter Erzherzog Karl Salvators aus der Linie der Großherzoge von Toskana. PHILIPP ALBRECHT, ein Sohn Albrechts und Enkel Philipps, hat die Verwandtschaftsverhältnisse mit Habsburg um ein Vielfaches verkompliziert: er war in zwei Ehen mit den Schwestern Helene und Rosa verheiratet, die Töchter Erzherzog Peter Ferdinand Salvators aus der Linie der Großherzoge von Toskana waren. Nur durch diese beiden Ehen – die der Vorfahren nicht miteingerechnet – wurden die daraus hervorgegangenen Kinder Halbgeschwister und gleichzeitig Cousins und Cousinen.

ZAUNER

JOHANN (1803–1868), Weinhändler aus Haugsdorf im Weinviertel und Begründer der Zuckerbäckerdynastie mit Sitz in Ischl, verheiratet 1. mit Anna Zeits (1812–1843), mit der er einen Sohn hatte, der im Alter von vier Monaten verstarb, 2. mit Elisabeth Binder, die ihm vier Söhne schenkte (Theodor 1845–1874, Karl, Johann 1851–1851 und Viktor 1855–1873?).

KARL (1846–1889), Konditor in Ischl, einziger erwachsen gewordener Sohn Johann Zauners, verheiratet mit Maria Anna Beständig (1850–1925), mit der er zehn Kinder hatte (Johann Baptist 1875–1881, Maria 1876–1951, Caroline 1878–?, Karl 1879–?, Paula 1881–?, Viktor, Hermann 1883–?, Ernst 1885 – gefallen im Ersten Weltkrieg, Ludwig 1886–?, Bruno 1888–?).

VIKTOR (1877–1950), Konditor, Sohn Karl Zauners, verheiratet mit Rosa Anna Binder (1878–1938), die Ehe des Paares blieb kinderlos.

ROSINA (1907–1957), geborene Ofner, Angestellte in der Konditorei Zauner, adoptiert von Viktor Zauner (1944).

RICHARD KURTH (1908–1970), Konditor, verheiratet 1. mit Rosina Zauner und 2. mit Gärdi Reitinger. Beide Ehen blieben kinderlos. 1982 übernahm Gärdi Kurth den Namen Zauner, um die traditionelle Café-Konditorei unter diesem Namen weiterzuführen.

JOSEF ZAUNER-FERNER (geb. 1948 in Tamsweg), Zuckerbäcker und jetziger Besitzer der Café-Konditorei, 1984 adoptiert von Gärdi Zauner-Kurth, Vater eines Sohnes (Philipp Josef, geb. 1994); Josef Zauner-Ferner entstammt altem Tiroler Bauernadel, er ist das achte von insgesamt fünfzehn Kindern. Die Familie Ferner kam ursprünglich aus Landeck in Tirol und wurde 1621 in den Grafenstand erhoben. Durch die Wirren des Dreißigjährigen Kriegs teilte sich die Familie in zwei Linien: Einer von zwei überlebenden Brüdern zog nach Hamburg und begründete dort den bis heute bestehenden protestantischen Zweig. Der zweite Bruder, Andreas von Ferner, siedelte sich in Tamsweg an. Er blieb katholisch und erarbeitete sich als freier Bauer einen großen Besitz. Der Hausname Übertheirer (= die über die Tauern Gekommenen) erzählt bis heute von der Herkunft der Familie.

Bibliographie

Alfred Ritter von Arneth, Aus meinem Leben. 2 Bde., Stuttgart 1893.

Bad Ischl im Salzkammergut, Ältestes Solbad in Österreich. Hg. von der Kurkommission. Linz s.a. (um 1909/1910).

Karl Baedeker, Österreich. Handbuch für Reisende. Leipzig, mehrere Bände.

Albert Binna, Bad Ischl. Vergangenheit und Gegenwart des uralten Salzmarktes und heutigen Weltkurortes Bad Ischl. Gmunden, Bad Ischl s.a.

Briefe I = Franz Schnürer, Briefe Kaiser Franz Josephs an seine Mutter 1838–1872. München 1930.

Briefe II = Georg Nostitz-Rieneck (Hg.), Briefe Kaiser Franz Josephs an Kaiserin Elisabeth 1859–1898. 2 Bde. Wien, München 1966.

Briefe III = Brigitte Hamann (Hg.), „Meine liebe, gute Freundin!“, Die Briefe Kaiser Franz Josephs an Katharina Schratt. Wien 1992.

Erich Feigl, Kaiser Karl. Wien 1990.

Irmgard Gollner, Gmundner Keramik. Töpfertradition einst und jetzt. Linz 1989.

Brigitte Hamann (Hg.), Die Habsburger. Ein biographisches Lexikon. Wien 1988.

Gottfried Heindl, Das Salzkammergut und seine Gäste. Linz 1993.

Hofdamenbriefe = Richard Kühn (Hg.), Hofdamen-Briefe (1835–1865). Berlin 1942.

Ischl und seine Umgebungen. Unter gleichzeitiger Berücksichtigung Gmunden's sowie des gesamten Salzkammergutes. Ischl und Gmunden 1877.

Dieter Neumann / Rudolf Lehr, Bad Ischl und die Habsburger. Bad Ischl 1992.

Peter Pfarl, Gli Asburgo nel Salzkammergut (Die Habsburger im Salzkammergut). Firenze 1992.

ders., Salzkammergut. Florenz 1989.

Gabriele Praschl-Bichler/Josef Cachée, „Sie haben's gut, Sie können ins Kaffeehaus gehen!" – Kaiser Franz Joseph privat. Wien, München 1995.

dies., Kaiserin Elisabeth. Mythos und Wahrheit. Mit Kommentaren von Gerti Senger und Walter Hoffmann. Wien 1996.

dies., „Gott gebe, daß das Glück andauere." – Liebesgeschichten und Heiratssachen im Hause Habsburg. Wien, München 1997.

Gaby von Schönthan / Joseph M. Grumbach-Palme, Die Konditorei Zauner. Bad Ischl und das Salzkammergut. Eine kleine Kulturgeschichte. München 1982.

Ingrid Spitzbart, Auf den Spuren der Habsburger in Gmunden und dem kaiserlichen Kammergut. Ausstellungskatalog. Gmunden 1993.

F. C. Weidmann, Der Führer nach und um Ischl. Wien 1849.

Des weiteren zahlreiche unveröffentlichte Briefe und Tagebucheintragungen von Mitgliedern der kaiserlichen Familie aus Privatarchiven sowie ein am 22. April 1934 in der „Reichspost" abgedruckter Brief.

Dank

Herzlichen Dank Frau Dr. Ida Hosner, die mir schon zum zweitenmal mit ihren Ratschlägen zur Seite stand, sowie Frau Kohout vom Museum der Stadt Ischl.

Zu den Helfern auf Spezialgebieten möchte ich Herrn Gert Englich von der Gmundner Keramik und vor allem Herrn Josef Zauner-Ferner danken, der mir das hauseigene Archiv und seine Arbeitszeit großzügigst zur Verfügung stellte.

Nach d. Nat. gez. u

PANORAMA